MÉMOIR

ET CONSULTATION

Pour Louis DE FAUCHE-BOREL, Consul-général et Conseiller de légation de S. M. le Roi de Prusse ;

Contre M. Henri LARIVIÈRE, Conseiller à la Cour de Cassation.

Mon adversaire siége dans le sanctuaire de la justice, et sur les murs du sanctuaire j'ai lu ces paroles :

Discite justitiam, moniti, et non temnere divos.

A PARIS,

DE L'IMPRIMERIE DE PILLET JEUNE,
RUE DE LA COLOMBE, N° 4, EN LA CITÉ.

1822.

MÉMOIRE

ET CONSULTATION

Pour Louis DE FAUCHE-BOREL, Consul-général et Conseiller de légation de S. M. le Roi de Prusse ;

Contre M. HENRI LARIVIÈRE, Conseiller à la Cour de Cassation.

———

En général les questions soumises à la Cour de Cassation sont arides, sévères, et le langage qu'on emploie pour les traiter doit nécessairement se ressentir de leur sécheresse. Ici la cause, si mince qu'en soit au fond l'intérêt, se rattachant aux affaires politiques et aux mœurs des personnages, on a cru devoir s'écarter et des formes et du style ordinaires.

———

Mon adversaire siége dans le sanctuaire de la justice, et sur les murs du sanctuaire j'ai lu ces paroles :

Discite justitiam, moniti, et non temnere divos.

———

MA cause n'est pas ordinaire.

Je plaide contre un magistrat de la première Cour du royaume.

Et cette Cour elle-même va prononcer entre lui et moi.

Rien ici, cependant, qui doive m'intimider : l'inté-
grité du juge, la majesté du Tribunal, cette longue
vénération qui l'environne, me sont garans de la sainteté
de la décision.

J'exposerai les faits avec simplicité, vérité.

Je dirai, je démontrerai jusqu'à quel point j'ai porté
les égards, les convenances, même les sacrifices, non-
seulement pour éviter à M. Henri un éclat toujours fâ-
cheux dans le rang qu'il occupe ; mais aussi pour donner
à la compagnie dont il a l'honneur de faire partie, la
preuve d'une déférence sans bornes et de mon respect
le plus profond.

Je réparerai quelques omissions sans doute bien invo-
lontaires de la part de M. Henri, mais qui empêchent
que le Mémoire qu'il a publié contre moi, en mon ab-
sence, soit conforme à la vérité.

J'écarterai avec modération ce dédain affecté que,
de la hauteur où il est parvenu, mon ancien ami se com-
plaît à faire descendre sur moi.

Je rectifierai quelques erreurs de dates, d'écriture ;
erreurs bien palpables, bien extraordinaires, sans doute,
mais que je n'attribue qu'au défaut de mémoire de
M. Henri pour tout ce qui me concerne.

Je dirai, je prouverai que M. Henri me doit douze
cents livres tournois, objet bien minime, sans doute,
dans la circonstance ; mais, ce qui n'est pas aussi indifférent, peut-être, je prouverai, autant qu'on prouve ces
choses-là, que M. Henri lui-même est bien convaincu
qu'il me doit les douze cents livres qu'il me dénie.

Enfin, abordant le moyen de cassation, je montrerai
la violation de la loi, et ferai voir que, si l'arrêt dont je

demande la réformation était maintenu, la base fonda-
mentale sur laquelle repose la sécurité des transactions
commerciales serait frappée dans ses fondemens.

Je n'ignore pas qu'en cassation le juge, ne prononçant
que dans l'intérêt de la loi, écarte tout ce qui est étranger
à la difficulté dont il est le régulateur; mais, je le répète,
ma cause n'est point ordinaire; et quand M. Henri ne
craint pas de chercher à me flétrir en imprimant que je
réclame de lui une somme que je ne lui ai pas prêtée,
s'il devient pour moi de première nécessité de prouver
au public que tant de bassesses ne m'appartient, et aux
personnages élevés qui ont encore la bonté de ne pas
perdre de vue que je n'ai pas démérité du haut intérêt
qu'ils me portent, peut-être aussi que la Cour suprême,
ayant à statuer sur une difficulté qui touche de si près à
la moralité des parties, et dont une d'elles est tirée de son
sein, regretterait qu'en pareille occurrence, dépouillant la
cause de ses accessoires, je ne lui eusse présenté que le
moyen en litige. C'est sous ce double rapport que je la
supplie de me pardonner quelques détails auxquels je ne
donnerai que les développemens indispensables.

PREMIÈRE PARTIE.

Tribunal de Première Instance.

Mis au nombre des fructidorisés, après avoir séjourné
neuf mois à Arbois, M. Henri Larivière vint se réfugier
à Neufchâtel, sous le nom de *Berthe*. Il rechercha ma
famille; elle le reçut avec empressement; et sensible à
cet accueil, autant que je puis le croire du moins, c'est
moi particulièrement qu'il sembla prendre en affection.

M. Henri habitait la Suisse depuis près de deux ans, lorsque vers la fin de 1801, je fus appelé à Londres, et par le ministère anglais et par le général Pichegru, avec lequel j'étais lié de longue main.

Sur le point de partir, M. Henri me pria de lui rendre quelques services.

Comme je devais passer par Paris, l'un de ces services consistait à y régler quelques-unes de ses affaires domestiques, que sa précipitation à quitter la capitale ne lui avait pas permis de terminer.

Un autre, à lui avancer une somme de soixante louis sur les atlas de Cassini, Chauchard et Ferrari et un Plutarque de Vascozan, ouvrages précieux, enrichis chacun d'une couverture *Fleurdelisée*, et que je me chargerais de vendre pour son compte lorsque je serais rendu à Londres.

Un troisième service, M. Henri connaissant mon intimité avec Pichegru, consistait à amener ce général, dont l'influence à Londres, comme chef du parti royaliste, était telle qu'on n'y eût pas alors reçu un fugitif français sans son assentiment; un troisième service, dis-je, était d'amener Pichegru à faire consentir le ministère anglais à recevoir M. Henri à Londres, et à lui accorder la pension de quinze louis par mois que le gouvernement britanique assignait aux fructidorisés.

Je promis à M. Henri qu'en passant par Paris je terminerais ses affaires personnelles.

Je lui avançai soixante louis sur les Atlas et le Plutarque fleurdelisés; et lui promis, qu'arrivé à Londres, je m'acquitterais sur-le-champ de sa commission près de Pichegru.

Après avoir séjourné quelque tems à Paris, tant pour m'y occuper des affaires de M. Henri que des miennes, j'arrivai enfin en Angleterre, où je ne fus pas plutôt débarqué, que j'allai solliciter de Pichegru la faveur qu'en attendait M. Henri : mais la chose ne marchait pas toute seule.

Je savais qu'à l'assemblée législative Pichegru avait été le collègue de M. Henri : M. Henri ne m'avait pas laissé ignorer que, depuis la dispersion des députés fructidorisés, il avait été en relation avec Pichegru lorsque ce dernier, échappé aux déserts de Sinamari, était venu se réfugier à Bareuth. Quel fut donc mon étonnement lorsque je vis Pichegru opposer de la résistance à la demande que je lui faisais de consentir à ce que M. Henri vînt à Londres en sa qualité de fructidorisé. J'avais oublié, moi, et malheureusement Pichegru n'avait que trop présentes à la pensée les pages accusatrices du Moniteur ; et il craignait que celui qui avait prononcé anathème contre les Bourbons dans les séances trop fameuses de septembre et décembre 1795, ne fût point à sa place sur le même sol où les Bourbons avaient trouvé un asile. Je quittai donc le général sans en avoir obtenu ce que j'étais venu lui demander pour M. Henri.

Sur ces entrefaites, il m'arriva de France en Angleterre une lettre que M. Henri m'avait adressée de Neufchâtel à Paris.

Par cette lettre, du 24 décembre 1801, M. Berthe, après avoir *embrassé son ami avec cordialité*, lui rappelle la commission principale dont il l'a chargé, et le presse de nouveau de le faire venir à Londres, *si toutefois rien ne s'y oppose*, lui donnant pour motif de cet empressement que *son petit sac touche à sa fin*. (Ce petit sac, comme on s'en doute, n'est autre que les soixante louis que je lui avais avancés à Neufchâtel.)

A cette itérative recommandation, à la franchise avec laquelle il me parlait de la pénurie de ses finances, je retournai à la charge vers Pichegru, qui, déterminé par cette seconde tentative, me dit enfin : eh bien! qu'il arrive. — Eh! comment voulez-vous qu'il arrive, répondis-je ; il n'a pas d'argent. — Eh bien donc, ajouta Pichegru, faites-lui passer, comme vous le pourrez, cinquante louis, qui vous seront remboursés *s'il vient*.

A peine ai-je obtenu de Pichegru que M. Henri sera reçu à Londres comme fructidorisé, que, dans ma satisfaction, je m'empresse, par une lettre du 2 janvier 1800, d'annoncer à mon ami malheureux que le général consent non-seulement à son arrivée à Londres en sa qualité de fructidorisé, mais qu'il m'a même autorisé à lui faire passer, pour faciliter son voyage, une somme de douze cents livres qu'il me rembourserait (lui, M. Henri) quand il serait à Londres ; j'ajoutais que pour le moment j'étais sans argent, mais que j'allais m'occuper sur-le-champ d'une négociation qui me procurerait les fonds dont il avait besoin, et que, dès que je les aurais touché, je lui adresserais une traite de douze cents livres, ce qui ne pouvait pas être long.

Effectivement je n'étais pas en fonds pour le moment : les frais de ma route, quelques dépenses imprévues à Paris, et les soixante louis que, sur les instances de M. Henri, je lui avais avancés en partant de Neufchâtel, avaient allégé ma bourse : mais une négociation, que je fis aussitôt avec la maison Doxat et Divet, me fournit l'argent dont j'avais besoin.

Muni de cet argent, je me procurai du banquier Parceval une traite à mon ordre, de douze cents livres tournois, sur Dufrayer, acquittée par intervention par Rougemont; et cette traite je la fis passer incontinent à M. Henri Larivière, incluse dans une seconde lettre, en date à Londres du 7 du même mois de janvier 1802, c'est-à-dire, écrite cinq jours après celle du 2 dont il vient d'être parlé. Cette seconde lettre, rapportée en entier par M. Henri lui-même, page 9 de son Précis, est conçue en ces termes.

Londres 7 janvier 1802.

« Monsieur et ami, ci-joint l'effet que je vous ai an-
» noncé par la lettre qui vous sera remise par l'excellent
» maire, vous en connaissez l'emploi; elle est de douze
» cents livres. M. Fornachon pourra vous l'escompter. J'en
» attends avis de réception et de vos nouvelles. Constantin
» (Pichegru) me charge de vous assurer de ses amitiés.
» Tout à vous. Votre ami,

» *Signé* LOUIS FAUCHE. »

Avant tout, commençons par observer que ma première lettre, du 2 janvier, fut adressée par moi à M. *Berthe* (Henri) sous le couvert de M. de Pierre, conseiller d'état et maire de la ville de Neufchâtel, pour être par lui remise à M. Berthe en main propre. Que la seconde, du 7, aussi adressée à M. Berthe, était sous un autre couvert, sous celui de M. Fornachon, qui devait négocier la traite qu'elle renfermait.

Ajoutons que si M. Henri convenait d'avoir reçu ma première lettre, du 2 janvier, il faudrait qu'il la montrât; et que s'il la montrait, il faudrait qu'il me remboursât mes douze cents livres tournois, parce que cette première lettre introductive, explicative, dit en termes formels que c'est mon propre argent, et non pas celui de Pichegru, que j'ai avancé à M. Henri. Or, pour mon malheur, M. Henri ne se rappelle pas du tout de l'avoir reçue, et voici comment il s'explique à ce sujet, pag. 10 et 11 de son Précis. « Quant à cette *seconde* lettre, qui devait » m'être remise par *l'excellent* maire, mais qui toutefois » ne *devait pas arriver la première*, je ne l'ai jamais » reçue : ce qui du reste est *fort indifférent.* »

Que de choses renfermées dans ce peu de mots de M. Henri; et qu'il est fastidieux pour répondre à une seule ligne d'écriture, d'être forcé, parfois, d'entrer dans de longs développemens. Essayons cependant et espérons que cette discussion obligée ne sera pas totalement dépourvue d'intérêt.

Et d'abord, monsieur, en disant que cette lettre du 2 janvier, lettre sans laquelle celle du 7 n'eût point été aussi laconique, lettre qui prouve que vous êtes personnellement mon obligé, en disant, qu'elle est *indifférente ici*, vous me permettrez de croire que vous êtes seul de votre avis, car toute l'affaire est là.

En ce qui touche ces mots de ma lettre : « ci-joint » l'effet que je vous *ai* annoncé par une lettre qui vous » *sera* remise.... » mots que vous couvrez d'un ridicule aussi aimable que léger, en les relevant par ces termes : « Quant à cette SECONDE lettre, qui toutefois *ne dé-* » *vait pas arriver* LA PREMIÈRE, » permettez-moi eucore, je vous supplie, de vous faire remarquer que ces expressions ne renferment ni une ineptie, ni une incohérence, ni une contradiction, ainsi que vous cherchez à le donner à entendre.

En effet, monsieur, obligées de faire un détour pour éviter la France, les lettres, qu'à cette époque on faisait passer de Londres à Neufchâtel, étaient, avant que d'arriver à leur destination, de 12 à 15 jours en route. Or, ma première étant du 2 janvier et la seconde du 7, vous ne pouviez pas encore avoir reçu le 7 celle que je vous avais adressée le 2 ; donc, en vous écrivant le 7, je devais vous dire : la lettre que le maire vous remettra, et non pas la lettre que le maire vous a remise. Voilà, ce semble, une digression grammaticale dont vous auriez bien dû épargner l'aridité au lecteur, et à moi la peine de faire retomber sur vous la malignité de votre interprétation.

Quant à l'épithète *d'excellent* dont, en vous écrivant, je me suis servi pour qualifier le respectable maire de Neufchâtel ; comme, dans votre position difficile, je l'avais vu *excellent* pour vous, oui, monsieur, *excellent*, j'étais loin de croire que cette expression, qui devait caractériser vos sentimens à son égard, pût jamais être tournée par vous en dérision ; et peut-être conviendrez-vous que mon erreur était excusable. Vous êtes oublieux du passé, M. Henri.

Mais voici qui est plus important. Quoi, monsieur, vous saviez que vous ne pouviez être reçu en Angleterre sans le consentement exprès de Pichegru, et vous arrivez en Angleterre : mais qui donc, puisque ma lettre du 7 janvier ne vous dit pas un seul mot de ce consentement, qui donc vous en a fait part ? Qui ? ma première lettre, ma lettre instructive du 2 janvier : donc vous avez reçu ma lettre du 2 janvier.

Quoi, M. Henri, vous qui, vu votre état de gêne, vu la baisse du petit sac, ne fussiez pas venu en Angleterre, même avec le consentement de Pichegru, si, au préalable, vous n'eussiez été informé que vous y seriez reçu sur le pied de fructidorisé pour en toucher le traitement ; qui donc, M. Henri, qui donc, lorsque ma lettre du 7 janvier ne vous dit pas un mot de cet arrangement préliminaire, et pour vous si indispensable, qui donc vous en a fait part ? Qui ? ma lettre instructive du 2 janvier, sans laquelle vous ne fussiez pas venu à Londres : donc vous avez reçu ma lettre du 2 janvier.

Quoi, M. Henri, ma lettre du 7 janvier renferme une traite de douze cents livres ; rien dans cette lettre ; ne dit que cet effet est pour votre usage, que je vous permets d'en disposer ; et, sans ma participation, sans connaître la destination de cette somme, dont vous ne pouvez être que le dépositaire, jusqu'à ce que je vous en aie textuellement indiqué l'emploi, vous avez la coupable indiscrétion, je dirai même l'indélicatesse, d'en appliquer le montant à votre profit, de vous en servir pour vous transporter en Angleterre ; et vous l'avouez. Non, monsieur, non, vous n'êtes pas si répréhensible que vous dites ; et chacun prenant ici votre défense, en dépit de vous-même, dira que vous ne vous êtes point sali d'une telle infidélité ; dira que, si je ne vous avais pas dit moi-même d'user de mon argent, vous vous fussiez abstenu d'y toucher. Or, où vous ai-je dit d'y toucher à cet argent ? Où ? dans ma lettre, monsieur, dans ma lettre énonciative du 2 janvier ; donc vous l'avez reçue cette lettre du 2 janvier.

Eh bien, M. Henri, la mémoire commence-t-elle à vous revenir, ou faut-il que je vienne encore à son secours ? Ecoutez :

Lorsque mon conseil fit ses efforts pour vous amener à conciliation avant que j'eusse entrepris ce procès déplorable que vous m'avez forcé d'entamer, mais forcé le poing sous la gorge, pour ainsi parler, et, comme il sera dit tout-à-l'heure, vous lui avez fait lire chez lui, ainsi qu'il a été observé dans mon plaidoyer, une ligne d'une certaine lettre de Londres, de moi à vous, une ligne dont vous cachiez les extrémités avec vos deux pouces, et au sujet de laquelle vous dites, parlant de moi : « Voyez comme cet homme se ménageait une porte de derrière. » Je ne sais quelle porte de derrière je me ménageais dans cette lettre, mais comme je ne vous ai écrit de Londres à Neufchâtel que deux lettres, celles des 2 et 7 janvier, j'en conclus que la lettre du 7, que vous avouez, et que je viens de transcrire d'après vous, ne contenant point de porte de derrière, la porte en question ne peut se trouver que dans ma lettre énonciative du 2 janvier, et, pour la centième fois, je répéterai : donc vous avez reçu ma lettre du 2 janvier

Ecoutez encore, je vous prie, car voici qui va vous rendre la mémoire et vous la rendre tout-à-fait :

J'ai dit que cette lettre du 2 janvier, obligée dans les tems de faire un circuit pour arriver de Londres à Neufchâtel, vous avait été adressée sous le couvert de M. de Pierre, alors et encore conseiller d'état et maire de la ville de Neufchâtel. Or, lisez, s'il vous plaît, ce que marque à ce sujet M. De Pierre.

« Neufchâtel, le 8 mars 1822.

» Vous me demandez, mon cher Fauche, si je me rap-
» pelle que j'ai remis, en janvier 1802, de votre part, à
» M. Henri Larivière, alors à Neufchâtel, une lettre arri-
» vée sous mon couvert, et portant pour suscription : à
» M. Berthe. Vous me demandez encore si je pourrais
» préciser la date à laquelle je reçus cette lettre : sur cela
» je ne saurais rien vous dire de plus précis, si ce n'est
» que c'était dans le mois de janvier 1802 que je reçus en
» effet une lettre de vous, adressée à M. *Berthe*, nom sous
» lequel M. Henri Larivière se faisait connaître ici. En me
» l'envoyant, vous m'avez écrit qu'elle lui annonçait une
» lettre de change de 50 louis pour faire son voyage
» à Londres; et autant que je m'en souviens, elle devait
» se payer chez Fornachon, et je sus de M. Larivière lui-
» même, qu'il l'avait touchée. Voilà les souvenirs qui
» me restent de cette affaire.

    » Recevez, mon cher Fauche, l'assurance de tous les
» sentimens que je vous ai voués.

                            » *Signé* DE PIERRE (1). »

    Cela est-il positif; cela est-il évident; cela est-il pal-
pable, pour vous, M. Henri, pour tout le monde,
pour tous les juges de la terre? Que si maintenant je
demande à M. Henri, s'il se souvient enfin d'avoir reçu
ma lettre du 2 janvier, qui lui annonçait que c'était mon
propre argent que je lui adressais, et qu'il me dise encore qu'il ne s'en souvient pas, je lui répondrai :

        Discite justitiam ; moniti, et non temnere divos.

(1) Voir pièces justificatives.

Mais laissons dormir la justice divine, et en l'attendant, occupons-nous de celle des hommes.

M. Henri Larivière, ayant touché le 7 février 1802, du banquier Fornachon, le montant de la traite que je lui avais adressée le 7 janvier, se mit en route pour l'Angleterre; mais, quand il y arriva, je n'y étais déjà plus.

Ayant passé de Londres à Paris, pour remplir une mission qui n'était pas dans l'intérêt du premier consul, il m'avait logé dans les cachots du Temple, dont je ne fus tiré qu'au bout de plusieurs années, par la médiation de la Prusse. J'allais à Berlin rétablir une santé délabrée, quand, poursuivi de nouveau par Napoléon, jusqu'au sein de cette capitale, force me fut d'en déguerpir, et de regagner Londres au plus vite.

Si je n'y retrouvai plus Pichegru, qui, ayant quitté Londres après moi, avait péri en France dans la même prison où j'étais enseveli; du moins j'y trouvais.... pardon, j'allais dire un *ami*. C'est vainement, qu'alors, dans notre langage habituel, comme dans nos écrits, ce nom d'ami semblait resserrer l'intimité qui existait entre moi et M. Henri Larivière. Aujourd'hui, M. Henri Larivière, dans son Précis, repousse cette dénomination avec une persévérance si soutenue, une morgue si dédaigneuse, que, honteux et confus, il ne m'arrivera pas de dire ici, qu'au sortir d'une longue captivité, qu'après cinq ans de séparation, je revis mon ami avec une grande joie; mais je puis dire, et je dirai que je revis M. Henri avec l'intérêt le plus vif, et je le lui prouvai bien.

A peine étais-je, en effet, débarqué, qu'à la sollicitation de M. Henri, j'obtins, par l'entremise de M Wi-

cham, une somme de cent louis, pour madame sa
femme. M. Henri ne s'en souvient pas du tout; rien de
plus naturel assurément qu'un pareil oubli ; mais M. Wi-
cham est encore là, et il s'en souvient, lui. Sans l'affectation de M. Henri à rejeter toute idée que je lui ai été de
la plus légère utilité, la citation de ce fait ne serait de
ma part qu'une jactance, d'autant plus misérable qu'elle
se rattache moins à l'affaire. Le fait suivant y a plus de
rapport, puisque les juges de la Cour royale en ont tiré,
comme on le verra, une fausse induction, d'où elle a
déduit que M. Henri ne me devait rien.

Ce fait est, qu'à la même époque, M. Henri me proposa
de lui acheter un manuscrit ayant pour titre : *Porte-
feuille sentimental.* C'était une compilation, en un
volume, d'historiettes et d'anecdotes, qui n'avait rien de
neuf, et que j'acquis moyennant la somme de cinquante
louis qui lui ont été bien payés. A Dieu ne plaise que,
sous ce rapport, je veuille blesser son amour-propre ;
mais il faut pourtant bien que je dise que j'ai de fortes
raisons de croire que sa mémoire est encore en défaut,
lorsqu'il avance qu'il y avait concurrence en Angleterre
pour faire l'acquisition de cet œuvre, et que sur tous autres
il a bien voulu me donner la préférence. Quelle préférence ! et que je lui saurais gré de ne pas m'en avoir gra-
tifié : car si M. Henri ne le sait plus, M. Henri a su
que si le manuscrit en question a trouvé des acheteurs,
le manuscrit imprimé n'a pas trouvé de lecteurs. Et qu'on
ne me reproche point une épigramme, il est de fait que
M. Henri connaît aussi bien que moi, sans que cette
connaissance lui coûte aussi cher, où, et chez qui le
Porte-feuille sentimental est resté enseveli.

Ce qui est à remarquer ici, c'est que les choses dont je parle se passaient en 1806, et que, dans le courant de cette même année, l'intimité qui existait entre M. Henri et moi, vint à se refroidir par suite d'une intrigaillerie politique, fomentée par MM. d'Antraigues et Puisaye, inutile à rapporter, et que bientôt, comme il arrive en pareille occassion, M. Henri et moi cessâmes de nous voir.

L'année suivante, en 1807, comme j'étais toujours en compte avec M. Fornachon, il m'envoya un état de notre situation, je n'y vis point que M. Henri lui eût payé pour moi les douze cents livres qu'il me devait, et j'y vis, au contraire, que j'étais porté en débet pour une somme de vingt-quatre francs montant du change ou de l'escompte de la traite que M. Henri avait touchée intégralement, sans vouloir payer cet escompte.

Rien ne m'aurait ôté de l'idée que M. Henri, bien informé que M. Fornachon était mon banquier, mon ami, lui avait remboursé depuis long-tems les douze cents livres qu'il me devait, afin que cet ami, que ce banquier m'en tînt compte dans nos viremens journaliers : c'était pour M. Henri un devoir impérieux, sur-tout moi étant dans les cachots du Temple, où je pouvais périr d'un moment à l'autre.

A la vue de ce compte de Fornachon, mes yeux se dessillèrent; je vis clairement que M. Henri ne s'était point libéré à mon égard; et comme je n'avais pas mon titre, nécessairement resté en France, je priai, pour forcer M. Henri au paiement, M. Fornachon de se rappeler au juste cette affaire, et de me faire connaître ma véritable position avec M. Henri, ce qu'il fit en m'envoyant mon état de situation avec ce dernier.

Muni de ces instructions, malgré le refroidissement qui existait entre nous, je courus chez M. Henri pour lui faire part de ma surprise, de mon mécontentement, et lui demander le paiement de ces douze cents livres. Mais je ne fus pas reçu, et j'étais si bien consigné à sa porte, que depuis, soit à Londres, soit à Paris, elle ne me fut jamais ouverte.

Désirant toutefois être remboursé, et voyant que je ne pouvais pénétrer chez M. Henri, je pris le parti de m'adresser à M. Hamond, qui était chargé de payer aux fructidorisés leur traitement mensuel, pour savoir de lui s'il n'y avait pas moyen de toucher ce dont M. Henri m'était redevable, ayant soin d'observer à M. Hamond que je n'étais point porteur de la traite de douze cents livres.

M. Hamond me répondit que rien n'était plus facile que de me payer, en retenant cette somme sur le traitement de M. Larivière, mais qu'il fallait, pour opérer ce virement, que je fusse porteur d'un écrit quelconque de M. Henri, prouvant qu'il avait reçu la somme en question.

Ce qu'il y a de singulier, c'est que ce ne fut que dans ce moment, et par suite de la conversation que j'avais avec M. Hamond, que j'appris que M. Henri avait touché huit cent quarante louis pour son *arriéré*. Cet arriéré provenait de ce que la journée de fructidor ayant eu lieu en septembre 1797, et M. Henri ne s'étant rendu à Londres qu'en 1802, on avait donné un effet rétroactif à son traitement, en le lui payant comme s'il fût venu en Angleterre immédiatement après la journée de fructidor, époque précise de laquelle le gouvernement anglais avait fait partir, en faveur des déportés, le traitement de quinze louis par mois qu'il leur accordait.

D'après cette particularité, d'après le mystère que M. Henri m'avait fait de cette épave, il était bien évident pour moi que si M. Henri, étant en fonds, n'avait pas remboursé les douze cents livres dont il s'agit au sieur Fornachon, et que s'il refusait de me recevoir, c'est qu'il ne se souciait pas de se libérer.

En conséquence, n'ayant point ma traite, ne pouvant non plus pénétrer chez M. Henri, mais désirant me procurer un mot de sa main, avec lequel je pusse me présenter chez M. Hamond, qui, sachant ce qui m'arrivait avec M. Henri, ne demandait qu'à m'être utile, j'écrivis à M. Henri la lettre par lui rapportée, du 17 janvier 1808, par laquelle je lui demande de me marquer l'époque et la date où il a reçu les 50 louis que j'ai été chargé, par le général Pichegru, de lui compter. Mais M. Henri ne m'ayant pas répondu, M. Hamond ne put me payer sur le traitement de M. Henri; et, d'un autre côté, n'ayant pas en main la traite en vertu de laquelle j'eusse pu le poursuivre, il me fallut bien laisser dormir cette affaire.

Encore, si lorsque l'état de situation du sieur Fornachon vint m'apprendre que M. Henri ne s'était point acquitté, encore si je n'eusse pas payé à M. Henri les douze cents francs, prix du porte-feuille sentimental, j'aurais pu opérer compensation avec lui : car non-seulement les sommes étaient identiques, mais l'une et l'autre étaient liquides. Pas du tout, cet état de situation, comme on vient de le voir, ne me parvint qu'à la fin de décembre 1807; et M. Henri avait reçu le prix de son manuscrit en deux paiemens égaux, c'est-à-dire, vingt-cinq livres sterling, en octobre 1806 et vingt-cinq livres dans le mois de février suivant, conformément à notre marché du 8 octobre 1806, rapporté en toutes lettres dans le Précis de M. Henri, qui a soin de dire que cet acte, *écrit tout entier* de la main *d'Abraham* Fauche, est *l'ouvrage* dudit Abraham. Je ne me pique, monsieur, que de fidélité dans mes engagemens, mais nullement de rédaction, ce qui se voit de reste par le style et le décousu du présent Mémoire ; encore moins d'érudition, et à cet égard convenez que nous sommes à deux de jeu : car puisque, cette fois, vous vous rappelez, quand personne ne s'en souvient, que jadis vous avez été écrivain, vous devez vous rappeler aussi que l'écrivain qui veut, en Angleterre, donner dans le *sentimental*, doit avoir hérité de la plume de Sterne, ou se résoudre à se voir enterrer tout vif.

Sans réponse de M. Henri, sans traite, sans moyen de compensation, il me fallut attendre, je le répète. Mais en attendant le tems passe : la restauration eut lieu, le roi revint à Paris, M. Henri aussi et moi de-même. Comme je longeais le quai Voltaire, en mai 1816, je rencontre M. Henri, et, après quelques complimens échangés, je lui demande mes douze cents livres tournois.— C'est, me dit M. Henri, de l'ordre de Pichegru que vous m'avez adressé cette somme, c'est à lui ou aux siens de vous en tenir compte ; moi, je ne vous dois rien. — Je demeurai anéanti.

Je ne rapporterai point tout ce qu'après être revenu de ma surprise, je poussai, dans la chaleur qui m'animait, d'argumens irrésistibles à M. Henri ; on en devine aisément une partie, après ce qui a déjà été exposé ; mais, devenu plus calme, je lui dis :

Très-certainement quand vous arrivâtes à Londres, moi n'y étant déjà plus, votre première démarche, surtout dans la persuasion où vous étiez que les cinquante louis que je vous avais fait passer à Neufchâtel, étaient un don de Pichegru, très-certainement votre première démarche dut être, et fut d'aller trouver Pichegru pour le remercier des douze cents livres qu'il vous avait données. Eh bien, M. Henri, telle est ma confiance en votre probité que, si, au moment où je vous parle, vous me déclarez dans votre conscience, que Pichegru vous a laissé entrevoir, vous a dit un seul mot qui vous donnât à entendre que c'était son argent, et non pas le mien, que vous aviez reçu, je passe condamnation et ne réclame plus rien ; prononcez.

Quelle fut votre réponse ? — Non, me dites-vous, je ne lui en ai point parlé, parce que je regardais cela comme une affaire finie. — Et fatigué sans doute de la longueur d'une discussion qui vous était à charge, vous y mîtes fin par ces dernières paroles : — Tout ce que vous dites-là, mon cher Fauche, n'est pas dénué de vraisemblance, et pour peu qu'il vienne à ma *conviction* que je suis votre débiteur, croyez que j'ai trop de religion pour vous faire tort.

Dans mon premier écrit j'ai sommé, conjuré M. Henri de déclarer s'il n'était pas vrai qu'il m'eût adressé ces paroles. M. Henri, dans sa réponse, a gardé un silence absolu sur cette interpellation ; il l'a donc reconnue véritable, il avoue donc qu'en mai 1816, ce n'était pas encore pour lui une chose avérée, une *conviction* qu'il ne fût pas mon débiteur.

J'avais déjà attendu depuis si long-tems, que, las d'a-

voir de nouveau encore attendu deux ans que la conviction vint à M. Henri, je pris décidément la résolution
de m'adresser à justice pour obtenir mon paiement, et
avec d'autant plus de confiance qu'après de longues recherches j'étais enfin venu à bout de me procurer cette
traite de douze cents livres, restée entre les mains de banquiers, où, après 16 ans de date, elle avait failli d'être
adirée.

Mais, avant que de venir à cette extrémité, je voulus
mettre tous les procédés de mon côté. Deux fois je pas-
sai chez M. Henri pour avoir avec lui une dernière
explication, et deux fois il refusa de me recevoir : deux
fois sur ce refus réitéré, j'eus l'honneur de lui écrire, et
deux fois mes lettres restèrent sans réponse. Porteur
d'une lettre de change, je pouvais *de plano*, le traduire
devant le tribunal de commerce; je préférai le tribunal
civil, dans l'espoir que ma demande devant y être précédée d'une citation en conciliation devant le juge de paix,
j'amènerais, en présence de ce magistrat, mon adversaire à me faire justice. Mon attente fut vaine : M. Henri
ne parut point chez le juge, mais pour lui un fondé de
pouvoirs, dont les premières paroles, en s'adressant à moi,
furent : — Mais, monsieur, vous n'avez pas le billet? —
Si fait bien, monsieur, lui dis-je, j'ai le billet; il est re-
trouvé, le voilà. — Mais, monsieur, ce n'est pas là la signature de M. Henri. — Si fait bien, monsieur, c'est sa
signature, non pas, il est vrai, du nom de *Henri*, mais
du nom de *Berthe*, qu'il avait adopté à Neufchâtel.
Monsieur, ajoutai-je, connaissez-vous son écriture? —
L'officieux regarda la signature et ne dit mot. — Alors
le juge de paix, prenant le billet et la parole, dit au fondé

de pouvoirs : il y a là *valeur en compte*, M. Henri Larivière est réellement débiteur ; il ne s'agit plus que de
savoir s'il portait le nom de Berthe et si c'est bien là sa
signature. — Je vais, répondit le fondé, en rendre compte
à M. Henri Larivière ; et il s'en alla de chez le juge de
paix et moi aussi.

Je fis plus, la conciliation n'ayant pas eu lieu, mon
avoué, d'après la prière que je lui en fis, alla chez
M. Henri avant que de lui signifier sa demande introductive. Cette démarche ne produisit aucun effet.

Je ne m'en tins pas là. Avant que cette demande introductive fut formée par mon avoué, j'engageai mon
avocat à demander aussi une entrevue à M. Henri, chez
lequel il se rendrait, afin de l'amener, s'il était encore
possible, à éviter un éclat judiciaire. Mon conseil ayant
écrit à cet effet à M. Henri, ce dernier lui fit savoir qu'il
se transporterait lui-même chez lui, et de fait, il eut
l'extrême bonté de s'y transporter deux fois.

Informé de l'heure où M. Henri viendrait chez mon
conseil, je m'y trouvai aussi, et je me tins dans une
pièce voisine, mon conseil devant, dans le cours de la
conférence, prier M. Henri de vouloir bien m'y admettre en tiers, afin que nous expliquant, M. Henri et moi, en
sa présence, il fut édifié sur l'affaire. Mais, je l'ai écrit,
je l'ai imprimé : M. Henri rejeta cette proposition en
disant : *je ne veux ni le voir, ni lui écrire, ni lui*
parler, parce qu'il est mal avec le gouvernement.
Quant au résultat de la seconde conférence, je l'ai écrit,
je l'ai imprimé : — *Si Fauche*, dit, en derrière analyse,
M. Henri Larivière, *si Fauche s'avise de bouger, s'il*
parle, je l'écrase.

C'en était trop. A l'instant même, sur ce défi, je fis paraître, contre M. Henri, un Mémoire, empreint des sentimens qu'une conduite semblable à la sienne devait nécessairement inspirer. Mais, l'indignation passée, je ne fus pas long-tems à m'apercevoir que, si j'étais libre de tous égards, pour la personne de M. Henri, je n'étais pas affranchi des convenances que m'imposait son caractère, que m'imposait son agrégation à la première magistrature de France. Peu satisfait de moi-même, pour cet oubli d'un devoir imposé au premier comme au dernier citoyen, envers les organes de la loi, je tâchai, autant qu'il était en moi, de racheter cette erreur d'un moment, et j'écrivis la lettre suivante à monsieur le premier Président de la Cour de cassation.

Le sacrifice qu'elle renferme était, à cette époque, bien entier assurément, et il ne pouvait entrer dans mes vues, en écrivant ainsi, de ménager la bienveillance future de la Cour, puisque la cause était encore intacte en première instance, et que j'étais loin de prévoir alors que M. Henri, appelant des décisions qui interviendraient au tribunal de la Seine, me ferait parcourir tous les degrés de juridictions, et me forcerait à l'attaquer jusqu'au sein même et en présence de ses pairs.

« Monsieur le premier Président,

» J'ose espérer qu'une démarche dictée par un motif » louable sera par vous accueillie avec indulgence.

. . . .

» Je crois ne pouvoir mieux faire que de m'en remettre » à la sagessse d'un homme qui est à la tête d'une compagnie respectable; et, peut-être, avant que de pu-

» blier mon premier Mémoire contre un des membres
» de cette compagnie , devais-je commencer par là.

» Mais, si j'en suis aux regrets de ne pas avoir eu
» cette déférence respectueuse pour le corps auquel
» M. Henri Larivière a l'honneur d'appartenir , cette
» fois, du moins, je n'aurai point à me reprocher d'a-
» voir poursuivi de nouveau M. Henri , sans avoir fait
» ce qui m'est imposé par les bienséances.

» Je commencerai donc, monsieur le premier Prési-
» dent, par jurer entre vos mains , par jurer à Dieu ,
» en présence de la Cour de cassation : que jamais
» M. Henri Larivière , ni Pichegru , ni l'Angleterre , ni
» qui que ce soit au monde, ne m'a remis, soit en ar-
» gent, soit en valeur quelconque, les douze cents li-
» vres tournois que je réclame de M. Henri , et qui
» forment le montant d'un billet de pareille somme qui
» est entre mes mains; monsieur le premier Président,
» je le jure !

. . . .

. . . .

« Vous, monsieur, vous l'organe de la justice, étran-
» ger par devoir aux passions des hommes , verrez-vous
» tranquillement se renouveler , entre un membre de la
» Cour et moi, une lutte indécente ? Non , monsieur ,
» vous ne le souffrirez pas. Mais si , comme premier ma-
» gistrat du premier tribunal de France, je crois au rang
» de vos obligations de prévenir une publicité irrévé-
» rencieuse, je vous dois aussi de m'imposer l'obligation
» de me soumettre à l'arrêt que m'imposera votre discré-
» tion ; je m'explique :

» M. Henri me doit et ne veut pas me payer. Recon-
» naître qu'il me doit, c'est s'avouer vaincu. Soutenir la
» gageure, c'est de sa part s'exposer à de rudes assauts.
» Telle est la position difficile où il s'est placé; il la
» sent, je veux bien l'en tirer.

» Comme chef de la Cour de cassation, je vous supplie
» donc, monsieur le premier Président, de vouloir bien
» demander à M. Henri Larivière, conseiller à la Cour
» de cassation, si son intention est de me payer ou de
» ne pas me payer.

» S'il consent à me payer, rien de plus simple, j'ac-
» cepte, tout est fini ».

» S'il ne veut pas me payer, rien de plus simple encore,
» et voici comment :

» Vous me ferez l'honneur de me dire, monsieur le
» premier Président, soit verbalement, soit par écrit, à
» votre choix, vous me ferez l'honneur de me dire:
» *M. Henri Larivière prétend ne vous rien devoir:*
» *mais lequel de vous ou de lui a raison? c'est ce*
» *que je n'entends pas décider. Mais, M. Fauche,*
» *je ne verrais pas, sans quelque satisfaction, un*
» *terme à de pareils débats, et que vous fassiez un*
» *sacrifice pour les terminer.* Dites, monsieur le pre-
» mier Président, dites cela, et tel est mon profond res-
» pect pour la Cour de cassation, et pour vous, mon-
» sieur, qu'à l'instant je dégage M. Larivière de toute
» obligation, tant en capitaux qu'intérêts, et que ja-
» mais plus, ni judiciairement, ni autrement, il ne lui
» sera rien réclamé par moi: heureux de pouvoir encore
» donner cette preuve de mon zèle pour la chose pu-

» blique, et de vous en rendre tout à la fois l'arbitre
» et le dépositaire.

» Je suis, etc. (1) »

Apparemment que la justice devait avoir son cours,
car cette démarche n'eut pas de suite.

La cause ayant donc été instruite, et contradictoire-
ment plaidée, M. Henri fut condamné, le 28 juillet
1819, par le tribunal de première instance de la Seine,
à me rembourser les douze cents livres dont il s'agit.
Le jugement est ainsi conçu :

« Attendu que le transport que Fauche-Borel a fait
» de la lettre de change de 1200 liv. à M. Henri Larivière
» est causé pour *valeur en compte* ; que dès-lors ce
» dernier en est resté débiteur et tenu de l'acquitter,
» par voie de compte ou autrement :

« Attendu que quelque graves que puissent paraître
» les présomptions tirées des circonstances de la cause,
» et principalement de ce que le général Pichegru aurait
» manifesté des intentions libérales en faveur de Henri
» Larivière ; que même il eût chargé Fauche-Borel de
» lui faire passer les 1200 liv. dont il s'agit, ces présomp-
» tions sont néanmoins insuffisantes pour prouver que
» ce général en aurait avancé et fait les fonds, ou les au-
» rait remboursés ; sur-tout, elles ne peuvent prévaloir
» contre le titre qui prouve l'engagement personnel et
» directe de Henri Larivière envers Fauche-Borel.

» Par les motifs, le tribunal condamne Henri Larivière
» à payer 1200 liv. à Fauche-Borel. »

---

(1) Voir pièces justificatives, n° 3.

Voilà, et bien clairement, je pense, M. Henri Larivière condamné à me payer mes 1200 liv. Cependant, si claire que soit cette condamnation, on ne laisse pas que d'entrevoir du louche dans les dispositions du jugement. Et ce louche, qui me gêne, qui me contrarie, parce que je ne serai satisfait qu'autant que ma cause sera aussi nette, aussi lucide pour tout le monde qu'elle l'est pour moi-même ; ce louche d'où vient-il? il vient de cet énoncé, de ces mots, que l'on trouve dans le jugement : *«Atten-* » *du que, quelque graves que puissent paraître les* » *présomptions tirées des circonstances de la cause,* » *et principalement de ce que le général Pichegru* » *aurait manifesté des intentions libérales en faveur* » *de Henri Larivière, que même il eût chargé Fauche-* » *Borel de lui faire passer les* 1200 *liv. dont il s'agit,* » *ces présomptions sont néanmoins insuffisantes, etc.»*

Et cet énoncée, et ces mots, que l'on trouve dans le jugement d'où viennent-ils ? — Oui, me dira-t-on, d'où viennent-ils? — D'où ils viennent, messieurs? c'est là ce que vous ne croirez pas, ce que je ne sais trop comment vous tourner, ce qui est incroyable enfin, ce qui pourtant ne laisse pas que d'être. Un peu d'attention, s'il vous plaît.

M. Henri, qui ne s'était refusé si constamment, tant à Londres qu'à Paris, à me payer ce qu'il me devait, que parce qu'il savait pertinemment, tant à Paris qu'à Londres, que je n'avais pas en main le titre coërcitif, n'eut pas plûtôt appris, par l'officieux qui avait comparu pour lui chez le juge de paix, qu'enfin j'avais exhumé ce titre, que j'étais porteur de ce vieux titre, enfoui depuis si long-tems dans les bureaux des banquiers, qu'il imagina, pour opérer sa libération, d'opposer un écrit à un autre écrit ; et pour cela que fit-il ? il fit la chose incroyable.

Il imagina de tronquer la date d'une lettre de Pichegru, et de la faire cadrer avec ses desseins, en la rapportant au tems du séjour de Pichegru à Londres (29 novembre 1801), tandis que visiblement elle est antérieure de deux années, et se rapporte au séjour de Pichegru en Allemagne (29 septembre 1799).

Ce n'est pas tout que d'avancer une chose, il faut prouver, et je prouve.

La lettre de Pichegru, rapportée par M. Henri, est ainsi conçue :

Londres, le 29 novembre.

Observez d'abord que le millésime de l'année n'est pas là.

Observez ensuite que je *soupçonne fort* le mot *Londres* de n'être, ni de la même plume, ni de la même encre, ni de la même main que le corps de la lettre. — Mais qui donc aurait osé se permettre....? — Messieurs, je n'accuse point, je soupçonne ; mais, si l'on représente la lettre, voyez et prononcez.

Voilà pour la date, voici pour le contenu : il m'est interdit d'en retrancher un mot.

« Londres, le 29 novembre.

» J'ai reçu, il y a peu de tems, mon cher collègue,
» la lettre que vous m'avez fait l'amitié de m'écrire en
» septembre, et je profite de la première occasion pour
» vous remercier des témoignages d'attachement qu'elle
» renferme ; et pour vous assurer de la réciprocité de
» mes sentimens.

» Vous avez sans doute été surpris du dernier évène-
» ment politique qui semble mettre le comble à tout ce
» qui est arrivé de plus contraire aux conjectures fon-
» dées en droit et en bon sens.

» Vous n'êtes plus tout-à-fait, mon collègue de pros-
» cription, puisque vous ne partagez pas la dernière que
» j'ai encourue *de la part du berger du parc dont vous*
» *occupez un coin.* Il est vrai que c'est au moins com-
» pensé par le danger d'être confié à la garde. . . . . .
» . . . . Si le loup venait à vous demander,
» gare. . . . mais il faut espérer que vous serez tranquille,
» là, comme ailleurs ; et que le bonheur insolent, qui
» est venu au-devant de tous les désirs de l'animal,
» en satisfaisant toutes ses autres passions; calmera au
» moins son animosité contre le bien petit nombre de
» ceux qui ne sont pas encore devenus ses agneaux. En
» tous cas, j'espère que vous nous donnerez, de tems
» en tems, de vos nouvelles.

» Adieu, mon cher Henri; je vous renouvelle les
» offres de service que j'ai chargé Fauche de vous faire.
» Quelque minces que soient mes moyens, je me fe-
» rai toujours un plaisir de les partager avec mes amis. »

J'ai soutenu que cette lettre, post datée de deux ans
par M. Henri, n'était pas écrite de Londres ; maintenant je soutiens et j'affirmerais au besoin qu'elle est
écrite de Leitershof, petit village à deux lieues d'Augs-
bourg, où Pichegru s'était réfugié dans une maison de
campagne, immédiatement après sa fuite de Bareuth,
arrivée en 1799, époque où fut nécessairement écrite
la lettre dont il s'agit.

Quel est, en effet, ce DERNIER évènement? observez ce

mot *dernier*, quel est en effet *ce dernier évènement politique dont M. Henri doit être surpris , et qui semble mettre le comble à tout ce qui est arrivé de plus contraire aux conjectures ?*

C'est la journée du 18 brumaire, arrivée le 9 novembre 1799, dont le succès en faveur de Bonaparte, qui, trompant la flotte ennemie, tombant d'Egypte en France, déconcerta la ligue des rois, si bien secondée par l'impéritie du directoire, la défaite des armées républicaines en Italie, et le mécontentement intérieur de la France rappelant son monarque.

Quel est le sens de ces mots : « vous n'êtes plus tout-
» à-fait mon collègue de proscription , puisque vous ne
» partagez pas la *dernière* que j'ai encourue de la part
» *du berger du parc* dont vous occupez *un coin ?* »
Le voici ce sens :

A la journée de fructidor, Pichegru avait été , comme membre des conseils, le collègue de proscription de M. Henri. Mais Pichegru , de retour ou échappé à sa déportation, venait d'être obligé de fuir de la ville de Bareuth, alors dans la dépendance du roi de Prusse, qui, ayant la main forcée par le gouvernement français, venait de renvoyer de cette ville les personnes qui y composaient ce qu'on appelait l'agence royale de Précy, agence dont Pichegru ne faisait point partie, mais qui fut le prétexte dont le gouvernement français se servit pour exiger de la Prusse le renvoi d'un pareil homme, dont le voisinage l'offusquait plus que celui de M. Henri. Renvoi, fuite obligée, que Pichegru regardait comme une nouvelle *proscription* que M. Henri ne partageait pas, puisque, réfugié à Neufchâtel, autre pays également soumis à la Prusse, il y restait tranquille.

Ainsi, le berger dont il est question, c'est le roi de Prusse ; *le parc*, ce sont les états du roi de Prusse ; *le coin* que M. Henri occupe dans ce parc, c'est Neufchâtel. M. Henri est tranquille dans les états du roi de Prusse , et Pichegru est obligé de les fuir ; *dernière proscription* que ne partage pas M. Henri. Voilà la clef de cette lettre tronquée.

Est-ce que, si cette lettre était de la fin de 1801, comme veut le faire croire M. Henri Larivière, Pichegru parlerait de la journée du 18 brumaire, arrivée le 9 novembre 1799, arrivée précisément vingt jours avant la date *véritable* de sa lettre ; est-ce qu'il en parlerait, disons-nous, en 1801, comme du dernier évènement qui vient d'avoir lieu? Cela est absurde. Est-ce qu'il rappellerait sa fuite de Bareuth , qui, en 1801, était déjà si loin de lui? est-ce qu'il parlerait, sur-tout, du berger du parc avec autant d'irrévérence? ce qui n'a pu être chez lui que l'effet d'une première impression et d'un homme qui parle *ab irato*?

Non, revêtu d'une grande puissance , agissant alors au nom de la Prusse, comme au nom des autres souverains de l'Europe, jamais Pichegru ne se fut permis, à la fin de 1801, les paroles peu mesurées dont il se servait en 1799 contre un prince dont il croyait avoir à se plaindre.

C'est en mai 1799, c'est après la rupture du congrès de Rastadt qu'eut lieu la deuxième coalition contre la France, entre l'Angleterre, l'Allemagne, la Russie, Naples, le Portugal, la Turquie, les Barbaresques, et une partie de l'empire germanique. Placée dans une position difficile, à cause de sa proximité avec la France, la Prusse n'entra point dans cette seconde coalition. C'est alors, qu'obtempérant en partie à la demande du gouvernement français, elle consentit à renvoyer de ses états l'agence royale de Précy, qui était établie à Bareuth. Je dis qu'elle n'obtempéra qu'en partie à la demande du gouvernement français, parce que la France voulait absolument qu'on arrêtât tous les membres de cette agence ; que plusieurs d'entre eux furent même saisis dans le premier moment, mais que le gouvernement prussien, fidèle à ses immuables principes d'humanité, fit mettre aussitôt en liberté les individus qu'on avait déjà appréhendé, et fit dire à ceux qu'on cherchait et dont on ne s'était point encore emparé, qu'ils eussent, pour leur sûreté personnelle, à s'éloigner au plus vite du territoire prussien.

C'est ainsi, qu'obligé quelquefois par sa position critique de céder aux importunités d'un gouvernement persécuteur, la Prusse, en tout tems, en tous lieux, en usa à l'égard des victimes qu'il lui désignait. Jamais son territoire ne fut souillé par l'arrestation arbitraire d'un français. Un proscrit ne lui était pas indiqué, que, le faisant prévenir en secret, elle se hâtait d'écarter le coup dont il était menacé.

Je suis moi-même un exemple de ce que j'avance, moi qui, à peine échappé du Temple, ne dus mon salut qu'à l'avertissement que me fit donner une auguste princesse de me sauver de Berlin, où Bonaparte me faisait poursuivre de nouveau avec acharnement, pour avoir imprimé et répandu à profusion cette mémorable déclaration de Louis XVIII, datée de Calmar en Suède ; déclaration dont la publicité importunait d'autant plus Bonaparte, que, voulant faire oublier les Bourbons, il avait, depuis quatre ans, donné des ordres sévères pour qu'il ne fût question d'eux en France, ni en bien, ni en mal.

La Prusse ne s'intéressait pas seulement aux victimes qui se réfugiaient chez elle, elle étendait sa sollicitude jusqu'à celles que le gouvernement français s'immolait dans son intérieure, et peut-être les Français ne se rappelleront-ils pas, sans attendrissement, sans un certain mouvement de reconnaissance et de vénération, tout ce que tenta Frédéric-Guillaume pour arracher à la mort le jeune et vertueux Sombreuil.

Non, ce n'est pas sur le sol prussien que l'infortuné Palm est saisi et fusillé par les agens de Bonaparte; ce n'est pas du sol prussien qu'est arraché le dernier rejeton des Condé; et cependant c'est Frédéric-Guillaume qui s'écrie aussitôt, dans une proclamation : « Le » territoire de l'Allemagne est violé; le sang du duc » d'Enghien n'est point encore vengé, mais les Allemands ne l'oublieront jamais. »

Certes, si Pichegru, dans un premier moment; si Pichegru en 1799, se trompant sur les intentions bienveillantes de la Prusse, ne vit qu'un affront dans l'invitation pressante qu'elle lui faisait de quitter Bareuth; Pichegru, mieux informé en 1801, n'eût point à cette époque écrit la lettre inconvenante que M. Henri se permet de transcrire en entier; transcription d'autant plus répréhensible de la part de M. Henri, que, pour arriver en excipant de cette lettre, au but qu'il se proposait contre moi, il n'avait nul besoin de rapporter les *deux lignes* outrageantes qu'elle renferme contre un souverain. Offense gratuite envers les têtes couronnées, et d'autant moins excusable de la part de M. Henri, que les rois l'ont nourri aux jours de la proscription et comblé de biens après son exil. Conduite incompréhensible dans un magistrat, qui, tout à la fois, et sans nul intérêt dans sa cause, offense un monarque, trahit le secret de son bienfaiteur et salit la mémoire d'un grand homme.

D'une part, pourquoi cette indiscrétion, cette indécence contre un souverain? de l'autre, pourquoi dans la date d'une lettre, cette transposition, cette odieuse infidélité? Pour arriver à cette phrase, qui termine la lettre de Pichegru : « Je vous renouvelle les offres de » service que j'ai chargé Fauche de vous faire. Quelque » minces que soient mes moyens, je me ferai toujours » un plaisir de les partager avec mes amis. » Pour arriver à cette phrase, et en induire que, puisque Pichegru lui offrait de partager ses moyens avec lui, les douze cents francs que je lui ai avancés sont ceux de Pichegru, et non pas les miens. Eh bien, que cette phrase, dont M. Henri a voulu faire contre moi un instrument de dommage, tourne à sa confusion; qu'elle serve de nouveau à prouver, pour la vingtième fois, que la lettre où elle se trouve, est écrite d'Allemagne et non d'Angleterre; est écrite en 1799 et non en 1801.

Où Pichegru m'a-t-il chargé de faire des offres de service de sa part à M. Henri? A Leitershof, à Augsbourg, en Allemagne enfin, où je vis plusieurs fois ce général, qui, sachant que son collègue habitait Neufchâtel où, j'étais établi, le recommanda à mon amitié.

3

A quelle époque Pichegru était-il à Leitershof, à Augs-bourg?.Immédiatement après sa fuite de Bareuth, c'est-à-dire, en 1799 et au commencement de 1800. Donc il est faux que la lettre soit de Londres, soit de l'année 1801.

Si elle était écrite d'Angleterre en novembre 1801; si dans ce moment Pichegru, allant au-devant des désirs de M. Henri, lui faisait des offres de services, pourquoi M. Henri ne me fit-il point part de la réception de cette lettre, de ces offres, au moment même où je quittais Neufchâtel pour passer à Londres, pour y joindre Piche-gru? De novembre à décembre cette lettre avait eu le temps de lui parvenir; ou si enfin elle ne lui parvint qu'a-près mon départ de Neufchâtel, à quoi bon m'écri-vait-il le 24 décembre pour m'inviter de nouveau à parler à Pichegru, pour dire de sa part à Pichegru de l'appeler à Londres? Avec les offres contenues dans la lettre qu'il venait de recevoir de Pichegru, M. Henri n'avait nul besoin d'intermédiaire près de ce général, nul besoin de ma médiation pour le faire arriver. Au lieu de me parler ainsi dans sa lettre du 24 décembre : « Comme mon in-» tention est d'aller rejoindre vos amis en février, *dans* » *le cas où rien ne s'y opposerait*, obligez-moi de leur » en dire un mot; » au lieu de me parler ainsi, M. Henri m'eût dit : « D'après une lettre que je reçois de Constan-» tin (Pichegru), *rien ne s'oppose plus à ce que je* » *rejoigne vos amis*; prévenez-les que je serai près d'eux » en février. » Voilà quelle eût été sa façon de s'exprimer en décembre 1801, si, au lieu d'être de novembre 1799 la lettre de Pichegru eût été de novembre 1801.

Mais voici qui est plus fort.

M. Henri, page 12 de son Précis, s'exprime ainsi :

« *J'ai su* que les princes français avaient mis à la dispo-
» sition du général Pichegru *des sommes considérables*,
» et que c'était sur cette *caisse*, et d'après les plus hono-
» rables autorisations, qu'avaient été faits les fonds de
» mon voyage. »

Oui, M. Henri, comme chef d'une ligue en faveur
du rétablissement des Bourbons, Pichegru, possédant
toute la confiance du gouvernement britannique, et rési-
dant alors en Angleterre, avait, en 1801, comme vous
le dites très-bien, et très-à-propos, avait une *caisse*, avait
à sa *disposition des sommes considérables*. Eh bien,
M. Henri, ce chef, alors dispensateur de l'argent des *princes
français*, de l'argent de la Grande-Bretagne ; ce chef, qui
a une *caisse et des sommes considérables à sa disposition*, ce chef vous eût-il écrit en ces termes : «QUELQUE
» MINCES *que soient mes moyens*, je me ferai toujours
» un plaisir de les partager avec mes amis. »

Non, M. Henri, non ; telles n'eussent point été les
expressions de Pichegru en 1801 ; mais telles ont été et
telles devaient être en effet, en 1799, les expressions de
Pichegru, retiré dans un coin de l'Allemagne, retiré à
Leitershof, et n'ayant alors en effet, d'après son désinté-
ressement si connu, que *des moyens très-minces* à offrir,
à partager avec ses amis.

Ainsi donc, et me répétant à satiété, vous n'avez pas
craint, pour vous approprier une misérable somme de
douze cents livres, de tordre et de contourner le sens
d'une lettre, et d'en placer la date à 1801, quand elle

lui est antérieure de deux années. Ainsi donc, M. Henri, vous, institué pour rendre la justice aux hommes, vous en imposez à la justice pour spolier les hommes. Et les juges de première instance, trompés par une assertion fallacieuse, dont il était impossible qu'ils vous soupçonnassent capable, tout en vous condamnant, au seul aspect du titre, à me rendre mes douze cents francs, ont laissé entrevoir, dans leur décision, des doutes sur la réalité de mon prêt. Voilà le louche qui me pesait, le louche que j'avais à cœur de faire disparaître; je le crois dissipé à jamais.

Qui n'eût cru que, magistrat, qu'organe de la loi, vous respecteriez, en adoptant la décision de vos semblables, le caractère dont vous êtes vous-même revêtu? Mais non. Juges, vous avez douté du juge, et m'avez conduit devant un autre tribunal.

SECONDE PARTIE.

Cour d'Appel.

Je ne m'attendais pas, je l'avoue, à subir ce nouveau degré de juridiction. Après le gain de mon procès, j'avais chargé mon avoué de toucher pour moi le montant de la condamnation de M. Henri. J'étais parti, comptant que M. Henri paierait; mais M. Henri m'apprit que j'avais compté sans mon hôte. J'étais loin de la France; on pressa contre moi la décision de l'affaire à la Cour royale de Paris.

L'avocat célèbre (1) qui m'avait défendu devant le tribunal de première instance, ne savait où me prendre, où me trouver. Ni lui, ni mon avoué, n'avaient plus mes papiers à leur disposition ; je les avais retirés. Privé de documens, privé des réponses que j'aurais pu, si j'eusse été présent, lui fournir contre de nouvelles allégations de mon adversaire ; harcelé par un écrit furtif, par ce Précis auquel je réponds présentement, et que M. Henri fit distribuer à ses juges au moment de l'audience, sans en avoir donné connaissance, sans l'avoir fait signifier à mon avoué. Cet avocat ne m'abandonna point ; il me défendit absent comme présent, de sa plume, de son éloquence, de ses soins, avec ce zèle, cette chaleur et le talent qui le caractérisent. Il est donc vrai qu'il est des compensations dans la vie. L'amitié vous a-t-elle trahi ? ne trouvez-vous qu'un ingrat dans votre obligé ? dans votre débiteur qu'un homme infidèle à ses engagemens ? êtes-vous malheureux enfin ? ne perdez pas courage. Étranger ou compatriote, riche ou pauvre, il est encore des hommes qui, de jour et de nuit, vont, à leurs risques et périls, vous protéger, vous défendre, vous secourir ; et ces hommes-là vous les trouverez dans le barreau de Paris. Mais leur zèle, toujours infatigable, n'est pas toujours couronné de succès. Quelques amis, malgré le talent de mon défenseur et l'évidence de mon droit, présagèrent, *pour des motifs étrangers au fond de la cause*, que je la perdrais en appel : leur présage s'accomplit.

---

(1) M. Berryer père.

Quoiqu'il en soit, voyons, dans ce nouveau combat que m'a livré mon adversaire, de quelles armes il s'est servi, et examinons leur trempe.

Par une précaution que, dans la circonstance, on pourrait appeler oratoire, et voulant attirer sur lui un intérêt immense, M. Henri débute par transcrire une réponse qu'il reçut en Angleterre de Louis XVIII. Cette lettre est pour M. Henri, comme il le dit très-bien, *un insigne honneur*; mais, si j'avais été à la place de M. Henri, je me serais cru obligé d'ajouter: *et une insigne bonté.* Car cette lettre, comme il sera patent ci-après, n'est qu'une *amnistie* pour M. Henri; faveur qu'il a si bien sentie, qu'il n'a osé se prévaloir de cette lettre sans la faire précéder de la réflexion suivante : « Que le roi, s'ap-
» propriant tout ce qui se faisait de bon dans son royau-
» me, avait adopté, sans *distinction*, tous les proscrits
» de fructidor » (1) : ce qui prouve qu'il y avait des dis-
tinctions à faire entre les fructidorisés, et que M. Henri se sentait dans les *distingués*.

Cependant, je prendrai la liberté d'observer à M. Henri que cette lettre n'est, dans sa main, ni une quittance, ni même un arrêt de surséance à m'opposer.

Soit dit ici en passant, et sans vanité, si des lettres augustes, respectables, couvertes de la signature de ce que l'Europe a de plus grand et de plus célèbre, étaient, ce qu'on appelle en terme de bourse, *du papier doré sur tranche*, quel homme aurait un porte-feuille plus

_____

(1) Page 3 du Précis de M. Henri.

riche que le mien, et que, bien plus commodément, j'eusse payé mes dettes.

Même inutilité de digressions, pour le moins, dans ce que raconte M. Henri de son mariage avec la demoiselle Lechevalier, *célébré à l'église, sans comparution des parties devant l'officier de l'état civil.* Qu'adviendra-t-il pour la progéniture de M. Henri, de ce défaut de comparution devant l'officier de l'état civil? Je ne m'en enquiers pas; seulement j'observe qu'un acte de célébration de mariage ne fut jamais un acte de libération, et que je ne m'attendais guère à trouver une noce dans cette affaire.

A ces moyens de considération, M. Henri en ajoute d'autres, très-prépondérans dans l'espèce, et qui sont tirés de la distance incommensurable qu'il y a de lui à moi. Pénétré du sentiment de sa propre dignité, chaque fois que, dans son Précis, mon adversaire se cite, il se place à la troisième personne, il fait précéder son nom de celui de *Monsieur*, il l'alonge d'un *de* hyéraldique, et, se nommant soi-même, s'appelle toujours, et en toutes lettres, *Monsieur Henri De Larivière.* Voilà qui est au mieux assurément. Mais, comment se fait-il, que M. Henri, qui, dans son exorde, nous avait promis tant d'urbanité et de politesse, ne soit poli qu'envers lui-même, et que, parlant de moi, il ne se présente sous sa plume, que des expressions telles que celles-ci : *Fauche* tout court, *Abraham* Fauche; ce qui, dans l'acception que donne M. Henri à ce prénom, est synonyme de *Juif*; ou bien, *le libraire suisse, l'étranger* Borel, le diplomate, qui fait aller de front *le commerce*

et les tournées politiques ; et puis cette apostrophe, qui
a un arrière-goût du porte-feuille sentimental : *malheureux insensé !*

On pense bien que ce luxe d'épithètes doit avoir pour
moi quelque chose d'extraordinairement affligeant ; mais,
comme j'ai aussi mon petit sac, je vais en tirer tout-à-
l'heure une fiche de consolation, que je mettrai sous
les yeux de M. Henri pour sa plus grande édification.

Pour abréger d'autant une polémique qui déjà ne res-
semble que trop à une litanie, laissons en paix et *l'A-
braham* et la *Juiverie* de M. Henri, attendu qu'il doit
maintenant tomber sous les yeux de chacun, que si,
dans le mauvais cas où M. Henri s'est placé, odeur de
Juif se sent à la ronde, ce n'est pas moi qui en suis oing.

M. Henri me fait un crime de ce que je suis *étranger :*
je sais très-bien que M. Henri est de France, que
M. Henri est un Normand, qu'il est même de Falaise, ce
dont je suis fort aise : mais en concience, on peut être
né ailleurs sans être pendu pour cela.

Je fais trève désormais de toute plaisanterie, et j'explique comment je suis étranger à la France. Un de
mes ancêtres en est sorti par la révocation de l'édit de
Nantes et est passé en Suisse. De là vient que ma famille
s'est fixée à Neufchâtel, où tant d'émigrés français sont
venus me trouver. De là, l'habitude que j'ai contractée
de les y accueillir. De là ce dévouement sans bornes à
la cause des Bourbons, dont j'ai fait preuve pendant
vingt-cinq années consécutives, et qui m'a mérité, de
la part de S. M. Louis XVIII, cette digression honorable
dans une lettre au marquis de la Maisonfort :

« Dans l'incertitude si M. Fauche-Borel est à Ham-
» bourg, je ne lui écris point; mais les sentimens que je
» vous exprime ne sont pas nouveaux pour lui ; vous ne
» trouverez pas non plus étrange que ma sensibilité à son
» zèle soit encore plus vive qu'au vôtre. *Il n'est Français*
» *que de cœur*, vous l'êtes de naissance : mais que Dieu
» nous aide, *il ne tiendra qu'à Louis Fauche de le de-*
» *venir aussi.* »

J'espère que, pour *l'étranger*, il n'y a pas de lettres
de naturalisation plus honorables et plus touchantes.

Le libraire diplomate, tout en faisant marcher de
front le commerce et la diplomatie, avait cependant né-
gligé, vingt-cinq ans durant, ses intérêts commerciaux à
tel point que ses pertes et les indemnités qui lui étaient
dues furent prises en considération au congrès d'Aix-la-
Chapelle, et que l'une des puissances alliées crut de voir
faire passer à une autre puissance la note suivante, en
faveur du *proxenète*, du *courrier politique :*

« Si Fauche-Borel n'était pas indemnisé de tant de
» sacrifices et de la perte de sa fortune, quel sujet dé-
» sormais voudrait s'immoler pour la cause des rois? »

A ces honorables suffrages de la nature de mes services, je me permettrai de joindre celui plus direct que
mon souverain S. M. le Roi de Prusse a daigné m'accorder, en me décernant en dernier lieu des lettres de
noblesse; elles sont ainsi conçues :

« Nous, Frédéric-Guillaume, par la grâce de Dieu,
» roi de Prusse, etc., savoir faisons par les présentes, et
» en vertu de ces lettres patentes, pour nous et nos hé-

» ritiers au royaume, qu'ainsi que, par une clémence et
» libéralité héréditaire dans notre maison royale, nous
» sommes toujours enclins à faire émaner sur chacun
» toutes sortes de grâces, du haut du trône sur lequel le
» Tout-Puissant nous a placés dans sa bonté infinie,
» nous sommes encore plus disposés et portés à élever
» à de plus grands honneurs et dignités, ceux qui en
» même temps qu'ils décendent de bonnes familles, ont
» bien mérité par leurs fidèles et louables services, de
» nous et de notre maison royale ; et comme nous por-
» tons en particulier la plus gracieuse affection à Louis
» Fauche-Borel, de Neufchâtel, *pour les services si-*
» *gnalés qu'il a rendus pendant une longue suite*
» *d'années, avec la plus honorable fidélité et cons-*
» *tance, et au mépris du danger et des souffrances*
» *corporelles, dans le grand but de la restauration de*
» *la dynastie légitime en France,* et du rétablissement
» de l'ordre social en général. Comme aussi eu égard à
» l'origine dudit Fauche-Borel, ses ancêtres ayant été en-
» noblis par l'empereur Charles-Quint, pour de fidèles
» services rendus à l'état, et ayant déjà eu parmi eux
» dans des temps antérieurs des hommes distingués, tels
» entr'autres que Jacques Fauche, archevêque de Besan-
» çon au seizième siècle, *desquels l'un d'eux se retira*
» *par attachement pour la foi évangélique, lors de la*
» *révocation de l'édit de Nantes, à Neufchâtel, et s'y*
» *établit;* nous sommes décidés à élever Louis Fauche-
» Borel et ses enfans et descendans, nés en loyal mariage,
» à la noblesse de notre royaume héréditaire de Prusse,
» comme s'ils étaient nés nobles, descendans d'aïeux no-

» bles à quatre quartiers du côté paternel et maternel;
» les armoiries ci-après désignées, à savoir, etc.

» Fait et donné à Troppau, le 11 du mois de novembre
» l'an de grâce 1820 et de notre règne le 23me; (signé)
» Frédéric-Guillaume, (et plus bas) le prince de Har-
» denberg. »

Avec ce titre d'honneur, je puis, ce semble, braver
tous les dédains comme tous les sarcasmes de M. Henri,
et me consoler du peu d'égards qu'il a pour les puissances qui m'ont distingué.

Revenant à mon procès, je le trouve encore acharné
à me décrier, et présomptueux au point de se targuer des
conclusions du ministère public en première instance.
Comment ose-t-il s'en faire un titre ! Pour le concevoir, il
faudrait que M. Henri n'eût pas lu la réfutation que, dans
les 24 heures, j'imprimai et distribuai de ces conclusions
du ministère public ; cette réfutation, où je pulvérisais
les paroles aussi cruelles que hasardeuses de M. le substitut, M. Henri l'a lue, et il l'a lue parce que, au rebours
de M. Henri qui, de toutes ses productions ne m'a jamais
fait connaître que celle qu'il m'a vendue, je n'ai jamais
rien fait paraître à sa louange, qu'il n'en ait été instruit
le premier.

Oui, au lieu d'un organe impassible comme la loi,
j'ai trouvé dans M. le substitut le panégyriste ardent de
M. Henri et le détracteur passionné de ma vie entière.
Il a peint M. Henri comme l'apôtre le plus constant et
le plus énergique de la monarchie, comme *le défenseur*

du roi martir (1), comme l'homme vertueux que ses talens et ses *grands malheurs* recommandent moins encore que son noble caractère.

---

(1) On lisait dans cette réfutation, signée de moi, en date, à Paris, du 27 juillet 1819, imprimée chez Smith, le passage suivant : « M. Henri, si vanté par ses principes monarchiques, dont on oppose le caractère au mien, et la vertu à mes vices, mérite-t-il bien tous les honneurs de l'apothéose dont on me fait faire les frais ?

» Certains passages du *Moniteur,* que l'on m'a forcé de compulser, n'aideront-ils pas à prononcer mieux entre lui et moi ?

» Je trouve, par exemple, à la table chronologique de ces incorruptibles annales, séance du 4 septembre 1792, tome Ier, page 176, 2ᵉ colonne (assemblée législative), ce qui suit :

« Chabot demande que les députés déclarent individuellement que, convaincus des vices des rois et de la royauté, ils les détesteront jusqu'à la mort.

» *LARIVIÈRE : nous jurons par tout ce qu'il y a de plus sacré, que, jamais, de notre consentement, aucun monarque français, ni étranger, ne souillera la terre de la liberté.* »

Le même ouvrage, page 868, 2ᵉ colonne, convention nationale, séance du 19 décembre 1792, rapporte :

« Thuriot et Lequinio demandent le rapport du décret rendu sur la famille de Philippe Égalité. »

HENRI LARIVIÈRE *soutient que la haine des tyrans doit s'étendre,* non-seulement A CELUI SUR LEQUEL VA BIENTOT S'APPESANTIR LE GLAIVE DE LA LOI, *mais à ceux qui, par leur crédit et leur puissance, sont dans le cas de porter ombrage aux amis de la liberté.* »

« Au journal des débats et des décrets, même séance, on lit cette péroraison du discours de M. Henri Larivière :

« Les grands malheurs de M. Henri !... Je n'entends pas nier qu'il ait été battu par la tempête. Mais dans ses vicissitudes même que de singularités et combien de chances compensatoires !

« M. Henri est renvoyé du corps législatif à la journée de fructidor, c'est vrai ; mais il ne sort pas de Paris les mains vides, comme il était venu de Falaise, puisqu'il se fait accompagner, dans sa fuite, des somptueux atlas de Cassini, Chauchard et Ferrari, que, de son aveu, le comité de *salut public a fait exprès tirer pour lui* (1).

Bon nombre de fructidorisés sont jetés à fond de cale, expédiés pour Cayenne, et, tandis qu'ils voguent vers la mort, M. Henri, tranquille dans Arbois, y fait l'amour, s'y marie, c'est lui qui nous le dit ; et moi, j'ajoute que, sous la coupe, au nez et à la barbe du directoire fructidorisant, il reste près d'un an dans cette ville, patrie de Pichegru, sans y être inquiété, le moins du monde, par le directoire, dont il se dit persécuté. Qu'on m'explique cette bonace ; moi, je n'y entends rien.

» Je n'ai plus qu'un mot à dire, et ce mot vaut tout le reste : Philippe est Bourbon, un sang royal coule dans ses veines, et ce sang ne peut être pur.

» Que ce soient là des Phrases arrachées par la peur à un caractère qui n'avait rien d'atroce, j'y souscris de grand cœur ; mais qu'elles puissent justifier le titre donné à M. Henri, de défenseur du Roi martyr, c'est ce que je ne saurais concevoir.

(1) Voir Précis de M. Henri.

Prend-il fantaisie à M. Henri de quitter la Franche-Comté pour pousser jusqu'à Neuchâtel, qui n'est qu'à deux pas ? il y trouve chez les banquiers *un crédit illimité* ; et le voilà en Suisse comme le poisson dans l'eau.

Veut-il quitter l'Helvétie pour la Grande-Bretagne ? il ouvre la bouche, et les allouettes lui viennent toutes rôties ; et il lui tombe à point, pour le défrayer de son passage, une traite de 1200 fr., qu'il n'a que la peine de toucher.

Est-il arrivé en Angleterre ? elle est pour lui la terre de promission : traitement de 15 louis par mois pour Monsieur ; gratification de 100 louis pour Madame ; et puis encore 21,120 fr. d'arriéré, bien et dûment payés à Monsieur, palpés par Monsieur.

La restauration se fait ; Monsieur arrive avec ses bagages, et pour se délasser, va s'asseoir sur les bancs de la première Cour du royaume.

Et voilà ce que vous appelez des tribulations, M. Henri. Que Dieu vous bénisse, et m'en envoie de pareilles, je les troquerais bien vîte, contre votre billet, pour bonne que soit votre signature.

Après avoir représenté M. Henri comme une noble victime d'une noble cause, les conclusions citées m'avaient présenté, moi, comme un *menteur*, un *imposteur* ; comme un homme *importun et suspect* aux Bourbons, et qui va prêchant dans les carrefours les services qu'il ne leur a pas rendus.

Est-ce donc d'un carrefour que le ministre de mon souverain, que le prince de Hardemberg écrivait au duc de Richelieu ces paroles :

« Votre excellence ne voudra pas que les ennemis du trône citent plus long-temps l'exemple du sieur Fauche comme un prétexte à *leurs calomnies. Il est de l'inté-rêt de tous les souverains de protéger un tel homme.*»

Ah ! si je me suis permis de rapporter, et la lettre du Roi de France au marquis de La Maisonfort, et le diplôme du Roi de Prusse, mon excuse n'est-elle pas dans cette fatalité qui avait dénaturé toutes les actions de ma vie ? Ai-je pu, ai-je dû laisser avilir, par quelque organe que ce soit, de plaideur ou de fonctionnaire, celui que tant de souverains ont si noblement récompensé?

Après avoir, par le diplôme royal que je viens de dérouler aux yeux de M. Henri, comblé l'intervalle que son orgueil avait creusé entre lui et moi, il me reste à prouver le faux de son assertion, qu'à Neufchâtel il nageait dans l'abondance, partant qu'un personnage de sa sorte n'avait pas pu recourir à l'obligeance du libraire diplomate, ni avoir eu aucun rapport d'intimité avec la famille suisse.

Page 2 du Précis de M. Henri, on lit ce qui suit: *M. de Larivière, en arrivant à Neufchâtel, s'ouvrit un crédit illimité chez le banquier Fornachon.*

Page 24: *Fauche-Borel, qui n'avait pas de fonds, aurait adressé 50 louis à un homme plus riche que lui?*

Page 25: *à un homme qui dans ce temps-là même prêtait de l'argent à la famille suisse? Voilà, ajoute M. Henri, ce qu'il est impossible d'écouter.*

Voici cependant ce que M. Henri voudra bien encore écouter, s'il lui plaît. Celui-là est-il riche, a-t-il un crédit illimité ouvert chez M. Fornachon, qui me prie, avant mon départ pour l'Angleterre, de lui faire une avance sur le Cassini, dont il n'a pas le temps d'attendre la vente? avance bénévole et purement gratuite de ma part, dont M. Henri veut atténuer l'effet, en répétant quatre fois et avec affectation, dans son Précis, que je ne me suis chargé de cette vente qu'en me donnant par lui un droit de commission.

Un droit de commission, à moi, M. Henri? ingratitude et mensonge. La pure vérité est que le droit de commission fut prélevé par M. Dulau et compagnie, que j'avais chargé de la vente de vos atlas fleurdelisés, et que l'avance que je vous fis des 60 louis fut, je le répète, une avance bénévole, un prêt gratuit.

Je vous somme de produire le double du compte relatif à cet objet, que je vous remis le 18 juin 1816; en attendant, pour prouver votre imposture et votre noirceur, je produis, moi, le compte de M. Dulau et compagnie, qui constate que le droit de commission a été perçu par eux (1).

Celui-là est-il riche? a-t-il un crédit illimité chez le banquier Fornachon, qui me marque dans sa lettre du 24 décembre 1801, que le *petit sac touche à sa fin?*

Qui m'écrit : « Il me semble que si le Cassini était annoncé dans les papiers, il serait vendu plus avantageusement. *Au reste la voie la plus courte sera la meilleure ?*

Qui m'écrit : « Annoncez-moi au reçu de la présente

---

(1) Voir pièces justificatives.

l'époque à laquelle vous comptez partir de Paris, afin que je vous envoie les clés d'un appartement où sont déposés quelques effets dont j'ai besoin de me défaire.

A-t-il un crédit illimité chez un banquier, est-il riche, celui qui attend et palpe avec empressement 1200 livres tournois pour passer de Neufchâtel à Londres (1).

O bienheureuse lettre du 24 décembre ! plus précieuse mille fois que le fil d'Ariane au labyrinthe, c'est à toi que doit son redressement la mémoire de M. Henri, qui va trébuchant à chaque page de son Précis.

Enfin, pour en finir sur le chapitre de la vanité, cet homme-là est-il riche, qui spécule sur un louis d'or ? qui, en touchant du banquier Fornachon les douze cents livres que je lui ai fait passer de Londres, demande à ce banquier de ne pas prélever sur cette somme celle de 24 francs qu'il doit retenir pour la perte du change, attendu, dit M. Henri à Fornachon, qu'il a noté de moi de toucher les 1200 livres, franches de tout escompte (2) ? Si bien que, sur ce mensonge de M. Henri, Fornachon lui paya la somme ronde de 1200 livres et me fit supporter à moi les 24 livres en question ; si bien, qu'à son tour, M. Henri me retient ces 24 livres, aussi équitablement que le montant de la traite.

Y a-t-il au monde bassesse pareille ! et M. Henri, pour s'en laver, soutiendrait-il aussi que ces 24 francs je les avais également reçus par avance du général Pichegru ?

Passe pour cela, me dira quelqu'un ; mais enfin répon-

(1) Voir pièces justificatives.
(2) Voir pièces justificatives.

dez à cette articulation de M. Henri, que, loin d'avoir été secouru par elle, *c'était lui, au contraire, qui prêtait de l'argent à la famille suisse?*

— Monsieur, comme j'ai pour principe de ne jamais nier un bienfait, ou l'argent qu'on m'a prêté, je dois commencer ici par baisser pavillon devant M. Henri ; mais après ce premier acte d'humilité, n'oubliez pas, je vous prie, que c'est toujours M. Henri qui, en ennemi généreux, me fournit les armes avec lesquelles je dois le battre, et qu'ici encore je vais puiser dans son propre arsenal.

Il y avait donc, à Neufchâtel en Suisse, une famille suisse, ce qui paraît fort drôle à M. Henri ; dans cette famille, il y avait un Fauche-Reymond ; ce Fauche-Reymond eut, il faut le croire, la bonhomie d'écrire à M. Henri pour qu'il lui prêtât *dix gros écus*, ou soixante francs, qu'il lui rendrait sous trois semaines. Notez, par parenthèse, qu'en rapportant tout au long la lettre où le susdit Reymond lui demande à emprunter dix gros écus, M. Henri ne dit pas qu'il les lui prêta. S'il eût prêté les dix gros écus, il l'eût dit comme il l'eût fait. S'il ne les prêta pas, voyez-vous, c'est peut-être qu'il ne les avait pas.

Or, voilà tout l'argent prêté, tous les services pécuniaires rendus à la famille par M. Henri ; on le défie d'en citer un autre. Mais, comme chez nous autres, pauvres suisses, une bonne intention est réputée pour le fait, toute la famille, qui ne savait point encore l'étendue des obligations qu'elle avait à M. Henri, pour avoir failli à l'obliger dans la personne d'un de ses membres, le prie de vouloir bien agréer ici, par mon organe, l'expression de sa reconnaissance.

Reconnaissance d'autant plus vive que nous avons causé le malheur de M. Henri, le malheur d'un cœur sensible, car M. Henri, plein de discrétion, comme chacun sait, et pénétré du regret d'avoir été obligé de publier la lettre où Reymond lui demande soixante francs à emprunter, s'écrie, dans l'amertume de son âme, page 12 de son labyrinthe : *Ah! que c'est une chose pénible que la révélation des services que l'on a pu rendre !*

A la suite de cette exclamation sentimentale, M. Henri, vous niez toute espèce d'intimité avec moi et les miens.

Et qu'est-ce donc, je vous prie, que ces noms d'*ami*, de *cher Fauche*, de *cher Louis*, qui étaient le principe et la fin, l'*alpha* et l'*oméga* de toutes vos épîtres et des miennes?

Qu'est-ce donc que cette avance de soixante louis, que ce prêt sans intérêt que vous me demandez, et que je vous fais sur un objet encore invendu?

Qu'est-ce que ce mandat familier que vous me donnez, de mettre en vente vos nippes restées dans Paris?

Qu'est-ce que cette jolie habitation qu'à la porte de Neufchâtel en Suisse, la famille suisse ne vous loue à si vil prix, que pour ménager et votre amour-propre et vos minces facultés?

Qu'est... O bienheureuse lettre du 24 décembre, viens encore au secours d'une mémoire défaillante, viens:

Mon cher Louis, la bonne maman se porte à merveille... Mon cher Louis, l'impatience du papa n'est pas facile à calmer... Je les vois aussi souvent qu'il m'est possible d'aller en ville... Le maire, mon cher

4.

Louis (c'est l'excellent maire), le maire, mon cher Louis, vous aime plus que jamais et vous fait un million de complimens....

Si les faits susdits, si les paroles mignardes sus-relatées, ne sont pas des indices certains d'un contact journalier, d'une familiarité bien caractérisée, que faut-il de plus pour les prouver? — Ce qu'il faut? A moi, ma lettre du 24 décembre, c'est encore toi qui va nous l'apprendre.

Je viens de procurer à votre épouse un prote pour l'imprimerie.

Il nous semble qu'il y a quelques rapports, quelques liens d'amitié entre la personne obséquieuse qui s'ingère à procurer un prote de sa façon et la maison de commerce qui accepte ce prote de confiance.

J'espère que votre femme en sera contente sous tous les rapports.

Oh très-contente !

Il est avantageusement connu.

Comme on va voir.

Nous l'avons baptisé Durand, et pour cause.

Beau baptême, qui peut servir de pendant à la noce de tout-à-l'heure.

Dites donc, M. Henri, rendez-nous service à ma femme et à moi, s'il vous plaît. Vous le pouvez avec d'autant moins de récalcitrance, que ce service ne vous coûtera pas plus que celui que vous avez déjà rendu à notre parent Reymond, et pour lequel la famille, et moi en particulier, nous vous avons tant et de si grandes obligations; dites-nous seulement quel est le nom véritable de ce monsieur que vous avez si généreusement baptisé Durand *et pour cause*. La cause, moi, pour laquelle je vous le demande, c'est que cet homme, si avantageusement connu de vous, nous a volé tout doux de 5 à 6ooo francs, puis s'est enfui, et que nous ne savons plus où le pêcher, lui et notre argent. Nous ne vous demandons pas l'argent, vous ne nous le rendriez pas, comme de juste ; mais, puisqu'il vous était si connu, peut-être connaîtriez-vous aussi le lieu qu'il habite, après avoir fait un trou à la lune. Et avec ces renseignemens, son nom, son adresse, peut-être aussi viendrions-nous à bout d'en tirer pied ou aile, ce qui toutefois n'est pas toujours facile avec gens rebaptisés et changeant de nom.

D'ordinaire les malices de M. Henri, les épithètes qu'il me lance, sont d'une bénignité à affadir. Toutes ses flèches cependant ne se ressemblent pas, toutes ne sont pas émoussées, et il en est qu'il trempe dans des sucs vénéneux avant que de me les décocher : le malheur est que ces traits empoisonnés retournent toujours contre lui. Comment fait-il son compte pour être si maladroit ? Je ne sais, mais c'est un secret qui n'est qu'à lui, et que personne, sans doute, ne sera tenté de lui dérober.

Par exemple, comme il va toujours cherchant midi à quatorze heures, et qu'il me répond *gris* quand je lui parle *jaune*, il insinue charitablement que je suis le spoliateur de la succession de Pichegru. A ce sujet, M. Henri ne me promet pas poire molle. Il avance hautement, clairement, cathégoriquement, « Qu'il pourra » me dire comment, en ma qualité de mandataire du » frère de la sœur de Pichegru, je me suis mis en pos- » session de l'opulente succession de ce général, et de

» qui et dans quelle circonstance j'ai fait pour cette suc-
» cession des *recouvremens* de la plus haute impor-
» tance » (1).

En entendant M. Henri laisser échapper le mot de
recouvrement, qu'en ma qualité de mandataire des
héritiers de Pichegru j'ai faits ou dû faire, qui n'aurait
cru que M. Henri allait m'observer que Pichegru lui
ayant avancé les 1200 liv. pour lesquelles nous nous
tenons aux cheveux, il les allait rembourser, non pour
mon compte, mais pour celui de la succession ?

Mais point ; ce n'est pas de la sorte que l'on argu-
mente à Falaise ; voici pour échantillon un raisonnement
qui a le goût du terroir.

—M. Henri, Fauche vous a fait passer une traite
de 1200 liv., endossée par lui, et causée pour valeur
en compte ; donc vous lui devez cette somme.

—Oh ! que non : c'est Pichegru qui lui en a remis les
fonds pour moi.

—Donc vous les devez aux héritiers de Pichegru ?

— Oh! que non : ce sont les princes français qui en
ont remis les fonds à Pichegru pour moi (2).

—Donc vous les devez aux princes français ?

— Oh! que non : je me trompais ; ce ne sont pas les
princes français, c'est le gouvernement anglais qui a
remis les fonds à Pichegru pour moi (3).

— Donc vous les devez au gouvernement anglais ?

---

(1) Page 27 du Précis.
(2) Page 12 du Précis.
(3) Page 10 du Précis.

—Oh! que non : je me trompais encore. Ce ne sont plus ni les princes français, ni le gouvernement anglais qui ont fait pour moi ces fonds à Pichegru ; je me trompais, vous dit-on, *c'est un auguste personnage, de la confiance duquel le général était honoré, qui les lui a remis à lui-même, à l'effet de me les envoyer* (1).

— Je me trompe, je me trompe. C'est très-bien ; mais êtes-vous au bout de vos tromperies enfin ? et cette dernière version est-elle décidément celle à laquelle vous vous tenez ?

— Finalement, oui.

—En ce cas, vous qui n'avez pas craint de mettre en évidence une lettre de Louis XVIII ; qui n'avait nul rapport à cette affaire ; qui n'avez pas craint d'insulter la Prusse en divulguant, sans motif, une lettre que Pichegru vous écrivait dans l'intimité, vous allez bien vîte nous dire, car ici la révélation d'un mystère, qui d'ailleurs n'a rien que d'honorable pour vous, est indispensable pour éclairer l'affaire, vous allez donc nous dire bien vîte quelle est cette *personne auguste* qui a remis elle-même 1200 liv. à Pichegru pour vous les envoyer. De peur que vous n'alliez encore vous tromper, je vous préviens que cette personne auguste n'est pas Louis XVIII, car alors il n'était point encore en Angleterre. Qui donc est-ce ? Allons, M. Henri, cherchez : vous avez le mot de l'énigme, parlez, dites-nous donc le nom de l'auguste personnage ...... ; le nommerez-vous enfin ?

— Oh ! que non.

_____

(1) Page 23 du labyrinthe.

—Mais songez donc, M. Henri, que si vous ne le nommez pas, on dira que c'est que vous ne le pouvez pas.

—Est-ce que je puis empêcher qu'on dise ce qu'on voudra?

—Oh! que non; mais je conclus qu'au résidu très-certainement vous devez à quelqu'un et ne voulez rendre à personne.

Pour en revenir à la succession de Pichegru, je ne fus pas plutôt hors des prisons du Temple et de retour à Londres, que, de l'agrément du frère et de la sœur du général, et de l'assentiment du gouvernement anglais, je m'occupai, non sans beaucoup de peines, de faire liquider cette succession. Peut-être ce soin eût-il dû vous regarder plus que moi, M. Henri; car enfin je n'étais l'obligé envers la mémoire de Pichegru, qu'en raison de la confiance et de l'amitié dont il m'avait honoré; mais vous, à qui il avait rendu service, d'abord avec ma bourse, ensuite avec la sienne, puis avec celle des princes français, après avec celle du gouvernement anglais, enfin avec celle d'un auguste inconnu, ce qui fait, de bon compte, cinq obligations pour une, peut-être M. Henri était-ce à vous, libre à Londres, tandis que j'étais reclus à Paris, de vous occuper de ce travail pour la famille de Pichegru. Mais non; arrivé en Angleterre, je trouvai que cette besogne était encore à faire, et je la fis à la satisfaction du frère de Pichegru, seul héritier subsistant, et qui chaque jour encore m'exprime sa reconnaissance.

Mais, comme il est de par le monde des commères qui vont par-tout, se mêlant de ce dont elles n'ont que faire, des vaniteux qui nient le bien qu'ils ont reçu, des caillettes empoisonnant jusqu'aux services qu'on a rendus aux autres, j'imaginai dans mon cerveau suisse de ne point toucher aux deniers de la succession, de les faire verser par les débiteurs aux mains du banquier Fornachon, qui, sans intermédiaire, les versa lui-même aux mains du frère de Pichegru.

Maintenant, ne pouvant s'empêcher de faire marcher de front le commerce et la diplomatie, voici une spéculation qu'*Abraham* Fauche vous propose à la face d'Israël. Comme je n'ai pas cru devoir exiger de l'héritier de Pichegru les frais assez considérables que j'avais fait pour recouvrer les débris épars de la succession de son frère, si vous voulez vous charger de me les rembourser, toute fois en justifiant par moi qu'ils me sont bien et légitimement dus, je vous cède, en échange, vous transporte et vous abandonne tout ce que dans votre sagacité vous découvrirez que j'ai touché et gardé de la succession du général Pichegru. J'en contracte l'obligation, je la signe, et j'ajoute, ce qui n'est pas indifférent en affaire, que je ferai honneur aux engagemens.

En voilà assez sur ce qui, au premier jugement, était resté de préventions suggérées contre moi par l'écho de M. Henri.

J'en viens à-présent aux motifs donnés par la Cour royale de l'infirmation du jugement et de mon titre.

Ces motifs sont tirés de deux particularités du procès que je ne nie pas, mais dont ils font un étrange commentaire.

La première, du traité que je fis le 8 décembre 1806, avec M. Henri, pour l'achat du sentimental porte-feuille. Les juges en ont conclu que, si, à cette époque, il m'eût

été dû douze cents francs par M. Henri, j'aurais, au lieu
de prendre par un écrit l'engagement de lui payer
douze cents livres pour son manuscrit, j'aurais, dis-je,
opéré compensation avec pareille somme de douze cents
livres qu'il me devait pour le montant de la traite non
encore remboursée par lui.

La seconde particularité est que, le 17 janvier 1808,
j'écrivis à M. Henri : « Je vous serai obligé de me dire
» en réponse l'époque et la date, si vous le pouvez, où
» vous avez reçu les cinquante louis que j'avais été chargé
» par le général de vous faire compter par l'ami Fornachon.
» J'ai besoin de cette date pour régler mes comptes avec
» lui, et je vous serai obligé de me l'envoyer avant mon
» départ. »

Partant de ces données, la Cour royale a rendu l'arrêt
suivant :

« En ce qui touche l'appel de la disposition de la sen-
» tence portant condamnation de douze cents livres ;

« Considérant que de la lettre de Fauche-Borel à Henri
de Larivière, du 17 janvier 1818, et de l'écrit antérieur
du 8 octobre 1806, par lequel Fauche-Borel a traité avec
Henri Larivière comme débiteur, il résulte que, dans la
lettre de change datée de Londres du 7 janvier 1802,
Fauche-Borel n'a été que prête-nom, et personne interposée pour transmettre les deniers fournis par un tiers ;
que ce mandat officieux ne peut donner à Fauche-Borel
un droit personnel au remboursement ;

« A mis et met l'appellation et ce dont appel au néant,
en ce que Henri Larivière a été condamné au paiement
de la somme de douze cents livres ; émendant quant à
ce, décharge Henri Larivière des condamnations pro-

noncées, et déclare Fauche-Borel non-recevable dans sa demande. »

Nous allons, dans la troisième partie de ce Mémoire, discuter le mérite de cet arrêt.

TROISIÈME PARTIE.

Discussion.

Soutenant le bien jugé de la sentence du tribunal de la Seine, en ce chef, qu'elle condamnait M. Henri à me rendre mes douze cents livres, je disais à la Cour royale de Paris :

« Un titre formel existe, et ce titre oblige manifestement M. Henri Larivière à payer les douze cents livres que je réclame.

» Que m'objecte-t-il ?

» Que ce n'est pas de moi qu'il a reçu cette somme, mais d'un tiers non nommé dans le titre, et dont j'aurais été l'intermédiaire et qui m'en aurait fourni la valeur. Je réponds que si le général Pichegru m'avait confié des valeurs ou des sommes quelconques, ses héritiers auraient seuls le droit de réclamer envers moi, et non M. Henri Larivière, qui ne peut exciper *du droit d'autrui.* C'est en vain qu'il m'oppose d'avoir agi comme *mandataire.*

» D'abord, ni la lettre de change, ni celle qui en annonçait le prochain envoi, n'expriment ni mandat, ni remise qui m'eût été faite par le général Pichegru; et d'ailleurs, quand ce mandat eût existé, de compter pour le général Pichegru à M. Henri Larivière, la conséquence que le général m'aurait fourni la valeur n'en pourrait

être tirée. Car, de ce qu'on charge quelqu'un (un mandataire même) de compter une somme à un tiers, il ne
s'ensuit pas qu'on fournisse soi-même la valeur à payer.
Celui qui exécute peut faire l'avance sur la foi du remboursement par le mandant. »

Si j'avais agi pour un tiers, ajoutais-je, si je n'avais eu
à transmettre à M. Henri Larivière qu'une somme par moi
reçue pour la lui faire payer, comme la suite d'une telle
négociation ne pouvait me concerner en rien, j'aurais
spécifié dans l'endossement que *sa valeur serait à régler* entre le cessionnaire M. Berthe et le véritable cédant le général Pichegru : et alors l'ordre aurait été exprimé ainsi : *valeur en compte avec Constantin* (Pichegru). Formule en usage dans les cas de cette nature, et
qui seule peut mettre l'endosseur à l'abri de la garantie
personnelle dont tout endosseur est passible.

Enfin, ajoutai-je encore, des présomptions ne peuvent
anéantir un titre clair, positif, qui porte en lui la preuve
de tout ce qu'il énonce et qui fait pleine foi en justice
civile et commerciale.

Malgré ces principes régulateurs d'une jurisprudence
immuable, la Cour royale s'est donc déterminée à anéantir mon titre, et annuler la décision des premiers juges,
par les moyens de considérations résultans de ce que
mon traité du 8 octobre 1806 avec M. Henri, et la
lettre que je lui avais écrite le 17 janvier 1808, faisant
présumer qu'il n'était point mon débiteur, je n'avais été
pour l'envoi des douze cents livres, qu'un intermédiaire
entre M. Henri et le général Pichegru, par conséquent
que cette somme ne m'était pas due.

A cet égard je ne puis répondre que ce qui est vrai,

que ce que j'ai déjà dit. C'est qu'en 1807, je demandai
au sieur Fornachon qu'il me fît connaître ma position
avec M. Henri; que cette demande, je n'eus occasion
de la lui faire qu'à la fin de l'année 1807, et que cet état
de situation, daté par le sieur Fornachon de la fin de
décembre 1807 ne m'est parvenu en Angleterre qu'en
janvier 1808. Que ce n'est que par cet état que j'ai
appris à mon grand étonnement que M. Henri n'avait
point remboursé pour mon compte à M. Fornachon, qu'il
connaissait très-bien pour mon banquier, mon homme de
confiance, les 1200 liv. que je lui avais avancées depuis
près de 6 ans; remboursement dont je doutais d'autant
moins qu'il était plus sacré pour M. Henri; qu'il devait
être fait par lui d'autant plus promptement, que je pouvais trouver la mort dans les cachots du Temple, et qu'il
était de son devoir de remettre cette somme à mon banquier pour qu'elle revînt à mes héritiers dans le compte
que le sieur Fornachon aurait eu à leur présenter. Il est
donc palpable que, n'ayant su qu'en 1808 que ces 1200 liv.
n'avaient pas été payés par M. Henri, je ne pouvais ni
lui en demander compte, ni m'en entendre avec lui en
1806, lors de notre traité pour le porte-feuille sentimental.

Il est donc manifeste que, pour anéantir un titre inattaquable, que, pour me frustrer d'une somme de 1200. l.,
la Cour royale est partie d'une fausse supposition, d'une
chose qui ne pouvait pas exister, et que dès-lors son arrêt
consacre une injustice, une spoliation.

Quant à ma lettre du 17 janvier 1808, on voudra bien
se rappeler aussi ce que j'ai déjà dit à ce sujet, et que je
vais rappeler le plus brièvement possible.

A la fin j'avais donc su que M. Henri n'avait pas

remboursé les douze cents livres. M. Henri, chez lequel je m'étais présenté pour les réclamer, n'avait pas voulu me recevoir. J'en avais écrit à M. Henri, et M. Henri, sachant bien que je n'étais pas porteur de la lettre de change restée sur le continent, au lieu de me répondre ou de s'expliquer avec moi, ce qu'en tout temps et en tout lieu il a constamment évité, m'avait renvoyé, comme il s'en glorifie lui-même, devant un homme de loi, nommé Triquet, qui, pour toute solution, m'avait congédié avec ces mots : «Point de titre, point d'argent. » M. Hamond, chargé du paiement des fructidorisés, M. Hamond, qui me voulait du bien, et à qui je m'étais ouvert, ne demandait pas mieux que de me payer les 1200 liv. en question, en les retenant sur le traitement de M. Henri ; mais pour cela faire, M. Hamond, à défaut par moi de pouvoir présenter mon titre, désirait que je lui misse entre les mains le moindre écrit de M. Henri, qui prouvât que je lui avais fait passer cinquante louis de Londres à Neufchâtel : en conséquence, forcé de prendre des ménagemens avec un homme dont l'esprit était aux aguets, pour ne pas compromettre son système de dénégation, je lui écrivis comme il suit :

« Je vous serais obligé de me dire l'époque où vous
» avez reçu les 50 louis que j'avais été chargé, par le
» général Pichegru, de vous faire compter par l'ami
» Fornachon. »

On lit encore dans cette lettre :

« Je remets à M. de Coucheri mon compte et mes
» observations sur La Rue et Dulau ; tout ce qui pourra
» être arraché sur l'*objet* des atlas est tout entier votre
» propriété. »

Ce passage paraît avoir fait impression sur la Cour royale ; je vais expliquer ce passage, dont il n'a point encore été parlé.

On sait que l'homme qui avait un crédit illimité ouvert chez les banquiers de Neufchâtel, m'avait prié, quand je quittai Neufchâtel, de lui avancer 60 louis sur les atlas de Cassini, Chauchard et Ferrari, que je voudrais bien me charger de vendre pour lui en Angleterre ; atlas qu'à cette époque on ne pouvait effectivement pas parvenir à vendre en France, parce qu'on y démolissait, mutilait, brûlait tout ce qui était empreint d'un signe d'armoirie, de féodalité, et que les atlas susdits étaient précisément revêtus, l'un d'une couverture en maroquin, l'autre d'une couverture en veau fauve, parsemées de nombreuses fleurs de lys d'or, circonstance qui prouverait, ce semble, que si les comités du gouvernement, comme il est dit, page 5 du Précis de M. Henri, que si ces comités, possesseurs des cuivres de Cassini, en ont fait tirer un exemplaire pour M. Henri, ces comités, alors grands dénicheurs de fleurs de lys, n'en ont pas fait maculer la couverture de Cassini, ni la couverture de Ferrari ; duquel Ferrari les susdits comités de gouvernement n'avaient pas les cuivres. Circonstance qui prouverait encore, ce semble, que le Cassini et le Ferrari que M. Larivière fut obligé de faire transporter à Londres afin de pouvoir les vendre, n'étaient pas du tout de la même paroisse, n'étaient pas du tout de ceux que M. Henri avait reçu de la munificence du comité de salut public.

On sait que M. Henri m'ayant marqué que la voie la plus courte de vendre ces atlas serait pour lui la meil-

leure, parce que les eaux étaient basses, parce que le
petit sac touchait à sa fin ; je m'empressai, en arrivant à
Londres, de les déposer chez MM. La Rue et Dulau,
afin qu'ils les vendissent le plus tôt possible pour le
compte de M. Larivière.

On sait qu'en déposant les atlas à MM. La Rue et
Dulau, ils me tinrent compte seulement des 60 louis que
j'avais avancés à M. Henri. On sait que MM. La Rue et
Dulau vendirent ces atlas pour le compte de M. Henri,
et que, quand M. Henri répète qu'il me fut payé un
droit de commission sur cette vente, M. Henri commet
une turpitude et répète une calomnie.

Mais ce qu'on ne sait pas, c'est que M. Henri arrivé
à Londres prétendait que MM. La Rue et Dulau avaient
vendu les atlas un prix au-dessus de celui qu'ils ac-
cusaient. Instruit de cette difficulté, j'écrivais donc à
M. Henri : *Tout ce qui pourra être arraché sur l'objet des atlas est tout entier votre propriété.*

Voilà l'historique de cette lettre du 17 janvier 1808,
dont les juges de la Cour royale tirèrent, ainsi que de
mon traité du 8 octobre 1806 avec M. Henri, l'induction qu'il ne m'était rien dû par lui ; anéantissant par là
sur un soupçon, sur une simple idée, sur une fausse présomption, un titre irrécusable, inattaquable, à qui la foi
est due jusqu'à ce qu'il soit argué de faux et jugé tel.

SUITE DE LA DISCUSSION.

Cour de Cassation.

L'art. 24 du titre 5 de l'ordonnance de 1673, en vi-
gueur à l'époque de la négociation dont il s'agit, dispose

« que les lettres de change endossées dans les formes
« prescrites par l'article 23, *appartiendront à celui du*
nom auquel l'ordre sera rempli.

La contexture de l'effet du 5 janvier 1802, prouve
que la valeur en a été fournie par moi, l'ordre étant
rempli de mon nom. Ma propriété est donc justifiée par
le titre, et cette propriété est *exclusive* de toute pré-
tention ou présomption contraire.

Pour que cette propriété passât en d'autres mains, il
eût fallu que celui auquel le transport a été souscrit
eût lui-même fourni la valeur énoncée dans la traite,
ou toute autre équivalente, mais *réelle*; ce qui eût
alors été exprimé par les mots : *valeur reçue comptant*
ou *en marchandises,* ou en toute autre nature de choses
effectives, représentant la somme portée au titre.

Or, propriétaire de la lettre de change, mon endossement apprend et constate que je n'ai reçu aucune
valeur du cessionnaire. D'où il résulte que M. Henri
Larivière a seulement été autorisé, rendu apte par moi,
à toucher soit directement chez Dufrayer et fils sur qui
la traite était tirée, soit à se procurer par voie de négociation, une somme de 1200 liv., dont il me rendrait
compte ultérieurement comme propriétaire de la lettre
de change.

Telle est, *dans la langue de commerce*, l'étendue
et la signification de l'endossement : *valeur en compte.*
Formule qui exprime en trois mots (ce que dirait en
trois pages un acte bilatéral) un prêt, une avance, un
crédit de la part du cédant; et qui, lorsqu'en résultat
de l'endossement, le cessionnaire réalise, touche la

somme, le constitue débiteur d'autant envers le cédant et l'oblige de compter avec lui.

Cette doctrine qui est enseignée par tous les auteurs, notamment par *Jousse*, *Bornier* et *Savary*, qui est de jurisprudence générale et uniforme chez tous les peuples où le contrat de change est en usage, cette doctrine avait reçu, dans l'espèce actuelle, une exacte et juste application de la part des premiers juges.

Et sur quels motifs l'arrêt attaqué se fonde-t-il pour écarter les principes que j'invoque, adoptés en première instance ?

Je l'ai dit, on l'a vu, sur ma lettre du 17 janvier 1808, et sur le marché antérieur du 8 octobre 1806, par lequel j'ai traité avec M. Henri *comme* débiteur : d'où la Cour a conclu que, dans la lettre de change datée de Londres, de janvier 1802, je n'ai été qu'un prête-nom, et qu'un intermédiaire pour transmettre les deniers fournis par un tiers.

Ayant démontré, il n'y a qu'un moment jusqu'à quel point ces présomptions étaient mal fondées, c'est ici que je dois prévoir l'objection qu'on élève dans presque toutes les affaires soumises à la Cour de cassation.

« La Cour royale de Paris, dira-t-on s'est fondée sur des écrits émanés des parties ; elle a interprété ces écrits. Elle en avait le droit ; et, de ce que l'interprétation serait vicieuse, l'application au point litigieux mauvaise, il n'en saurait résulter un moyen de cassation. D'un autre côté, *c'est un point de fait* que l'arrêt déclare que vous, Fauche-Borel avez été prête-nom, personne interposée dans la lettre de change du 7 janvier 1802. C'est un point de fait que l'arrêt déclare encore que les deniers ont été fournis par un tiers : la Cour de cassation ne peut réformer ces déclarations. »

Je répondrai d'abord que si les tribunaux ont une latitude sans borne sur ce qui, dans un débat judiciaire, constitue *le point de fait*, il n'en est pas ainsi lorsqu'il s'agit d'anéantir un acte légal, auquel la loi attache tous les caractères d'un acte authentique, contre lequel aucune preuve n'est admissible ; lorsqu'il s'agit, disons-nous, d'anéantir cet acte, d'en paralyser ou d'en dénier les effets à l'aide de présomptions qui, vagues et insignifiantes en elles-mêmes, n'ont d'ailleurs aucun rapport, aucune analogie avec l'acte *constitutif* de l'action. Tel est l'esprit de l'article 1353 du Code civil, ainsi conçu :

« Les présomptions qui ne sont point établies par la loi, sont abandonnées aux lumières et à la prudence du magistrat, *qui ne doit admettre que des présomptions graves, précises et concordantes*, ET DANS LE CAS SEULEMENT *où la loi admet les preuves testimoniales, à moins que l'acte ne soit attaqué pour cause de fraude ou de vol.* »

J'ajouterai que si, entre deux parties, plusieurs actes sont intervenus sur *un même objet* et sur *une même affaire*, ces actes peuvent bien s'interpréter les uns par les autres ; mais qu'il ne peut en être usé de la sorte quand les actes ou conventions ont trait à des objets différens ; quand ils sont intervenus au sujet d'opérations et sur des opérations indépendantes les unes des autres ; quand il ne s'agit pas de fixer le véritable sens d'une clause ambiguë et autres cas de cette nature, lesquels exceptés, il est de principe rigoureux qu'une convention n'a jamais rapport qu'aux objets qui y sont mentionnés : *iniquum est perimi pacto id de quo cogitatum non est : Loi 9 au D : de Transac :* qui est la source de l'article 1163 du Code civil.

« Quelque généraux que soient les termes dans les-
» quels une convention est conçue, elle ne comprend
» que les choses sur lesquelles il paraît que les parties se
» sont proposé de contracter. »

Or, jamais il n'y a eu coïncidence entre ma traite de 1200 livres et le porte-feuille sentimental de M. Henri ; jamais il n'y a eu analogie entre cette traite et les atlas fleurdelisés de Cassini et Ferrari, vendus par La Rue et Dulau, ainsi que la Cour royale l'a fait résulter de mon traité du 8 octobre 1806, et de ma lettre du 17 janvier 1808.

Il y a donc excès de pouvoir de la part des juges d'appel quant aux articles du Code civil précités ; mais il y a particulièrement violation manifeste de l'article 24 du titre 5 de l'ordonnance de 1673. Pourquoi je requiers la cassation de l'arrêt de la Cour royale de Paris, du 3 février 1821.

S'il était possible que cet arrêt ne fût pas cassé, quel coup funeste son maintien ne porterait-il pas à la tranquillité du commerce, puisque de simples présomptions, des présomptions fausses, insinuées aux juges, suffiraient à l'avenir pour anéantir un titre authentique, un titre dont la circulation rapide et nécessaire n'est due qu'à la confiance qu'il inspire, qu'à la jurisprudence immuable qui en consacre la valeur ; et qu'il ne peut en être autrement, sans ébranler la foi qu'on doit au papier de la banque, sans jeter de l'incertitude dans les transactions commerciales.

Signé DE FAUCHE-BOREL.

CONSULTATION.

Le conseil soussigné, qui a pris connaissance de toutes les pièces du procès d'entre M. de Fauche - Borel et M. Henri Larivière, et de l'arrêt rendu par la Cour royale de Paris, le 3 février 1821;

ESTIME que cet arrêt est en opposition manifeste avec les art. 1, 23 et 24 du tit. 5 de l'ordonnance du commerce de 1673, et qu'aucun des motifs consignés pour éluder cette loi, ne peut le soustraire à la cassation.

Ce qu'il importe de remarquer par-dessus tout, dans les élémens nombreux de ce procès, c'est la contexture du titre sur lequel il reposait tout entier.

Lettre de change de 1200 liv., tirée de Londres, le 5 janvier 1802, par le banquier Parceval, *à l'ordre* direct *de Fauche-Borel*, sur Dufrayer et fils, de Paris.

Au dos, l'ordre ou endossement ainsi conçu : « Payez à l'ordre de M. Berthe (Henri Larivière), *valeur en compte*. Londres, 5 janvier 1802. Signé, Fauche-Borel. »

Avec l'observation que M. Berthe, le cessionnaire, était alors à Neufchâtel, où la lettre de change lui a été envoyée, précédée et suivie de deux lettres d'avis, du 2 et 7 janvier 1802, pour qu'il s'en procurât le montant par la voie de la négociation.

Toute la question au procès était de savoir quels droits le titre, ainsi confectionné, avait donnés à M. de Fauche-Borel ; quels rapports ce titre, ainsi endossé, avait établis entre lui et M. Berthe (Henri Larivière).

Sur l'une comme sur l'autre partie de la question, les 3 articles cités de l'ordonnance de 1673 faisaient la loi.

L'article 1er, en ce qu'il porte que les lettres de change doivent contenir *le nom de celui qui en a donné la valeur* et le nom de ceux auxquels elles devront *être payées.*

L'art. 23, en ce qu'il règle que

« Les signatures au dos des lettres de change ne ser-
» viront d'ordre qu'autant qu'elles seront datées, et con-
» tiendront le nom de celui qui a payé *la valeur*, en
» argent, marchandises ou autrement. »

Enfin l'art. 24, portant :

« *Les lettres de change* endossées dans les formes
» prescrites par l'art. précédent, *appartiendront* à celui
» du nom duquel l'ordre sera rempli, sans qu'il ait be-
» soin de transport, ni de signification. »

Il était donc doublement impossible de méconnaître les droits de M. de Fauche-Borel à la propriété de la lettre de change de 1200 liv.

1° Elle avait été tirée à son profit direct et nominatif, avec l'énonciation que c'était bien lui qui *en avait fourni la valeur* au tireur Parceval : en style de négoce M. de Fauche-Borel en était le *bénéficiaire*, comme l'ayant acquise *de suo* et pour son propre compte.

2° Par suite du confectionnement de l'effet *au nom* de M. de Fauche-Borel, comme étant *celui auquel il devait étre payé*, l'endossement très-régulier dont il l'avait revêtu confirmait encore, en sa personne, ce droit de propriété; il avait tous les caractères d'un ordre valant transport authentique et dûment signifié.

Inutile d'insister sur ce que les deux lettres d'avis, des 2 et 7 janvier, à M. Henri Larivière, toutes deux émanées de M. de Fauche-Borel, ajoutaient d'évidence à ce droit de sa propriété.

En présence de ces textes attributifs, l'arrêt n'a pas pu juger qu'ils ne donnaient aucun *droit personnel* à M. de Fauche-Borel cédant contre M. Henri Larivière, son cessionnaire, sans violer ouvertement la disposition de la loi.

Dans le même ordre, signé Fauche-Borel, par lequel il s'était dessaisi de son titre, les rapports d'entre lui et M. Henri Larivière étaient immuablement fixés : ils étaient ceux d'une cession directe, mais conditionnelle. La condition était écrite dans ces mots de l'ordre : *valeur en compte.*

C'est-à-dire que M. Henri Larivière, n'ayant reçu la transmission de l'effet qu'à la charge *de compter* de son montant avec M. de Fauche-Borel, était resté passible envers celui-ci de l'action *en remboursement* à exercer par lui seul.

Il n'a pas été méconnu par l'arrêt que la teneur de l'ordre, *valeur en compte*, n'assujettit M. Henri Larivière à rembourser à quelqu'un.

Ce que l'arrêt a dénié, c'est que ce fut par M. de Fauche-Borel, en son nom et pour son propre compte, que le remboursement put être poursuivi. Ainsi l'on retombe uniquement dans la dénégation du droit, que M. de Fauche-Borel soutenait lui être acquis *personnellement*.

Deux argumens irrésistibles en droit condamnaient la résistance de M. Henri Larivière au remboursement, vis-à-vis M. de Fauche-Borel.

D'un côté, l'impérieux commandement de la loi de reconnaître M. de Fauche-Borel pour propriétaire de la traite, et de ne reconnaître que lui, puisqu'il y était seul *dénommé*.

D'un autre côté, la circonstance qu'aux yeux même de la Cour royale, M. Henri Larivière, étant réputé *débiteur* de l'effet envers quelqu'un, il était non-recevable à proposer l'exception dans laquelle il se retranchait.

Ce second point de vue étant celui sous lequel l'arrêt attaqué doit être expressément apprécié, il importe de s'y fixer plus particulièrement.

On a constamment jugé en cassation, au sujet des poursuites en remboursement et autres, dirigées pour des effets négociables, contre ceux qui en étaient *nécessairement* débiteurs *sans compensation*, qu'ils n'avaient aucune querelle à élever contre les porteurs qui les actionnaient.

On a jugé qu'ils devaient à leur signature, quelle que fût la personne (dénommée au titre circulant) qui leur en faisait la présentation.

On a jugé que, dans la main du porteur dénommé, l'ordre qui le saisissait, n'eût-il que la vertu d'un mandat autorisant à recevoir, suffisait pour contraindre le débi-

teur nécessaire au remboursement ; sans que jamais celui-ci fut reçu à exciper de l'imperfection des ordres,
ni des droits qu'ils sembleraient conférer à autrui.

On l'a jugé et l'on a dû le juger uniformément ainsi,
pour le salut du contrat de change et du commerce des
papiers circulans.

Alors même que la forme extrinsèque des endosse-
mens atteste, par leur irrégularité, qu'ils sont donnés à
un titre précaire, comme lorsqu'ils sont en blanc, on
leur concède au moins la force virtuelle d'une procu-
ration qui habilite le porteur, quel qu'il soit, à exiger
paiement; et jamais on ne tolère que celui qui doit inci-
dente sur la qualité de simple *mandataire* ou *d'intermédiaire*, pour motiver son refus de payer.

C'est précisément l'infraction de ces maximes fonda-
mentales du négoce que s'est permis l'arrêt du 3 février 1821, et cela dans des termes et pour une espèce
qui la rendent moins excusable.

Certainement M. de Fauche-Borel, *bénéficiaire* de la
lettre de change de 1200 liv., signataire unique et sans
restriction, de l'ordre régulier en faveur de M. Henri Larivière, causé *valeur en compte*, était, vis-à-vis de ce
débiteur nécessaire du compte, plus qu'un simple mandataire, qu'un *intermédiaire*; M. de Fauche-Borel n'eût-
il été que cela, c'en était assez pour que, sous aucun
prétexte, le remboursement ne pût pas lui être refusé: il
eût eu qualité suffisante pour le demander, il eût eu toute la
capacité requise pour l'exiger, comme pour en donner
quittance; et M. Henri *qui doit au titre*, M. Henri, qui,
de son aveu, ne l'a remboursé à personne, n'eût dû être
écouté dans aucune de ses inconvenantes exceptions.

A fortiori, l'arrêt qui l'a soustrait à l'action de M. de Fauche-Borel, l'arrêt qui lui a délivré un véritable brevet de non paiement, est-il attentatoire à tous les principes du négoce; puisqu'en dernière analyse, il est indisputable que la confection de la traite, que la contexture de l'ordre, avaient très-légalement constitué M. de Fauche-Borel propriétaire sérieux et légitime de la valeur négociée de 1200 liv.

On pourrait se dispenser, auprès de la Cour régulatrice, d'aller plus loin en démonstration, pour la décider à anéantir l'arrêt attaqué.

Mais les prétextes sous lesquels cet arrêt a masqué la contravention sont si étranges, ils sont d'une conception si alarmante, si dangereuse pour le commerce des lettres de change, que l'on croit devoir s'y appesantir encore.

Dans sa combinaison générale, à quoi l'arrêt est-il parvenu?

A faire prévaloir des présomptions quelconques (et quelles présomptions!) contre la teneur de la lettre de change, qui, encore une fois, est authentique, et a toute la solennité d'un transport dûment signifié.

C'est-à-dire que, par l'application la plus fausse de l'art. 1353 du Code civil, l'arrêt s'est aidé de simples conjectures pour détruire un titre solennel et probant *per se*, alors que ce titre n'était argué, dans sa confection, ni pour aucune époque contemporaine, de dol ni de fraude, et qu'il n'y avait pas lieu à la preuve testimoniale.

S'il reste permis aux tribunaux de déplacer ainsi les règles d'interprétation, d'intervertir à ce point l'ordre des preuves et de se donner une telle latitude, lorsque les termes de la loi ont circonscrit leurs pouvoirs, bientôt il n'y aura plus de question qui ne se résolve par l'arbitraire.

M. Henri Larivière, certes, eût été non recevable à provoquer une preuve par témoins sur ce qu'il a perpétuellement supposé que les 1200 livres attribuées par le corps de la traite à M. de Fauche-Borel, comme étant de ses deniers, provenaient, dans le fait, du général Pichegru. Il eût été éconduit, et parce qu'il eût en cela excipé du droit d'autrui, et parce qu'il eût excipé contre l'autorité du titre auquel il a donné adhésion.

Par la même raison, l'arrêt eût dû rejeter sans examen toutes les présomptions qu'il tirait, sur le même fait, des deux pièces analysées. L'endossement du 5 janvier 1802, étant un *ordre* parfait, et n'étant argué ni de *dol* ni de fraude, repoussait seul toutes les exceptions.

Surabondamment, en elles-mêmes, les inductions tirées par l'arrêt de ces deux pièces ne sont rien moins que graves, précises, ni concordantes.

Postérieures l'une et l'autre, de plusieurs années, à la négociation des 1200 liv., il est visible qu'elles n'ont pu servir à en expliquer l'origine.

Elles prouveraient, seulement, qu'à leurs dates, 8 octobre 1806 et 17 janvier 1808, M. de Fauche-Borel avait laissé sommeiller ses droits de créancier des 1200 livres : et la raison de ce sommeil serait palpable : il n'avait pas encore, par devers lui, l'effet dont la possession était indispensable pour réclamer son remboursement.

Ce que l'arrêt en a induit, que M. de Fauche-Borel n'avait été que *personne interposée* pour transmettre les deniers fournis par un tiers, n'a pu ni dû opérer la décharge de M. Henri Larivière.

En présumant l'interposition *pour transmettre*, il était juste, il était naturel de la présumer aussi pour *l'action de redemander*, puisque, encore une fois, le titre constituait M. Henri Larivière redevable envers quelqu'un.

C'est un vice prédominant dans l'arrêt que celui d'avoir admis, comme il l'a fait, M. Henri Larivière à chercher son *quitus* d'une dette certaine, dans la supposition de droits acquis sur lui à un tiers autre que M. de Fauche-Borel, et de l'avoir admis, quand ce tiers ne se présentait pas, quand il ne réclamait rien, quand il ne désavouait pas la poursuite.

Que si, à l'imitation de la Cour royale de Paris, l'on voulait, dans cette affaire, abandonner un moment les points de droit pour se livrer aux preuves morales, bientôt M. Henri Larivière en serait accablé.

On est, sur-tout, stupéfait de la réticence qu'il s'est permise au procès, au sujet de la première lettre d'avis du 2 janvier 1802.

On l'est, également, de la violente transposition à l'année 1802 de cette missive de Pichegru, qui, évidemment, lui fut écrite en novembre 1799.

On est frappé de ce premier emprunt de 60 louis, obtenu par M. Henri Larivière, de M. de Fauche-Borel, peu de temps avant celui de 1200 liv.

On s'étonne d'entendre M. Henri Larivière désavouer aujourd'hui ces liaisons intimes avec M. Fauche, dont dépose toute leur correspondance, comme s'il voulait d'autant détourner l'idée du *service d'ami* qu'il a reçu dans l'envoi des 1200 liv.

Enfin, l'on ne peut concevoir que si cet envoi eût été fait des deniers d'un tiers, M. de Fauche, négociant, eût endossé la traite purement et simplement, et qu'ainsi, de gaieté de cœur, il eût compromis sa responsabilité.

Mais, devant la Cour de cassation, ces divers développemens deviennent superflus, pour le succès du pourvoi.

Une violation grave a été commise, par l'arrêt attaqué, du texte de la loi conservatrice du contrat de change et des droits du porteur primitif, nommé comme seul propriétaire.

Cette violation première et principale a été mal palliée par une deuxième, par le faux emploi des présomptions autorisées par l'art. 1353 du Code civil, hors des cas que cet article détermine.

Il y a donc lieu à la cassation.

Délibéré à Paris, ce 1ᵉʳ avril 1822.

BERRYER Père,
DELACROIX FRAINVILLE,
BILLECOCQ,
DUPIN Jeune.

PIÈCES JUSTIFICATIVES.

LOUIS FAUCHE-BOREL

A M. LE PREMIER PRÉSIDENT DE LA COUR DE CASSATION.

Paris, ce 21 janvier 1819.

MONSIEUR LE PREMIER PRÉSIDENT,

J'OSE espérer qu'une démarche dictée par un motif louable sera par vous accueillie avec indulgence. . . . . . .

Dans la situation pénible où je suis placé, *je crois ne pouvoir mieux faire que de m'en remettre à la sagesse d'un homme qui est à la tête d'une compagnie respectable; et peut-être, avant de publier mon premier Mémoire contre un des membres de cette compagnie, devais-je commencer par-là.*

Mais si j'en suis aux regrets de ne pas avoir eu cette déférence respectueuse pour le corps auquel M. Henri Larivière a l'honneur d'appartenir, cette fois du moins je n'aurai point à me reprocher d'avoir poursuivi de nouveau M. Henri, sans avoir fait ce qui m'est imposé par les bienséances.

Je commencerai donc, monsieur le premier Président, par jurer entre vos mains, par jurer à Dieu, en présence de la Cour de cassation, que jamais M. Henri Larivière, ni Pichegru, ni l'Angleterre, ni qui que ce soit au monde, ne m'a remis, soit en argent, soit en valeur quelconque, les douze cents livres tournois que je réclame de M. Henri, et qui forment le montant d'un billet de pareille somme qui est entre mes mains : M. le premier Président, je le jure!

Lorsque après avoir épuisé tous les égards dus à sa place, tout ce qui m'était commandé par les souvenirs d'une ancienne amitié, l'injustice prolongée et la morgue de M. Henri m'arrachèrent mon plaidoyer, M. Henri fit insérer dans les feuilles qu'incontinent il allait me répondre : j'en fus charmé.

Il était juste de lui laisser le temps de la méditation ; mais dix mois se sont écoulés, et M. Henri, ce semble, ne peut exiger davantage pour me répondre, sur-tout s'il considère la situation déplorable où je suis réduit. Oui, déplorab e ! et pourquoi craindrais-je de vous le dire, monsieur le premier Président ? Si le ciel est souvent tardif dans sa récompense, parfois celle des Rois se fait long-temps attendre : vingt-cinq ans de travaux, de dévouement, d'abnégation de moi et des miens, de prisons, de sacrifices de tout genre ; vingt-cinq ans d'un zèle aussi ruineux qu'infatigable, n'ont été payés que d'un long oubli. Elle viendra, cette récompense, mais trop achetée, mais après avoir été saturé d'amertume, mais quand la douleur et le besoin m'auront courbé vers la tombe : alors elle viendra.

C'est en attendant le jour inaperçu de cet acte d'équité, qu'impitoyablement harcelé par d'injustes créanciers, je me vois dans la nécessité de recueillir les débris d'une fortune assez considérable, consacrée toute entière à l'œuvre de la restauration et au soulagement des fugitifs français.

Quelques émigrés, grâces leur en soit rendues, n'ont pas attendu, pour s'acquitter, que je leur rappelasse leurs dettes ; plusieurs, quand je souffrais pour les Bourbons, ont su me trouver jusque dans les cachots pour se libérer : c'est le petit nombre, car beaucoup me négligent ; d'autres ne peuvent me rendre, et certains nient leur obligation. C'est parmi ces derniers que s'est classé M. Henri.

Déplorable effet des oscillations politiques et du jeu des partis ! Le nom de Fauche, par vingt-cinq ans de persévérance et de contact avec tous les souverains de l'Europe, le nom de Fauche est désormais inséparable du mot de restauration ; et cette restauration survenue, les plus grands ennemis de ce grand changement sont comblés, et le plus zélé des serviteurs est voué au dénuement ; on ne lui refuse pas seulement les récompenses promises par écrit, mais jusqu'au prix de ses sacrifices lui est dénié, et le rire est sur les lèvres de ses nombreux ennemis ; car Fauche pourrait-il ne pas en avoir de nombreux ?

Ainsi donc, sur cette terre de France, mon antique patrie, que de longs services devaient me reconquérir, repoussé de beaucoup, méconnu de l'autorité, d'une part poursuivi par des hommes sans foi, de l'autre en but à la haine de mes obligés, me voilà luttant contre ceux-ci, pour arracher un peu d'or, qu'au jour de leur détresse je leur prêtai de si bon cœur (1).

Vous, monsieur, vous, l'organe de la justice, étranger par devoir aux passions des hommes, verrez-vous tranquillement se renouveler, entre un membre de la Cour et moi, une lutte indécente ? Non, monsieur, vous ne le souffrirez pas. Mais si, comme premier magistrat du premier Tribunal de France, je crois au rang de vos obligations de prévenir une publicité irrévérencieuse, je vous dois aussi de m'imposer l'obligation de me soumettre à l'arrêt que m'imposera votre discrétion . . . . . Je m'explique.

M. Henri me doit et ne veut pas me payer. Reconnaître qu'il me doit, c'est s'avouer convaincu ; soutenir la gageure, c'est, de sa part, s'exposer encore à de rudes assauts. Telle est la position difficile où il s'est placé, il la sent ; je veux bien l'en tirer.

Comme chef de la Cour de cassation, je vous supplie, M. le premier Président, de vouloir bien demander à M. Henri Larivière, conseiller à la Cour de cassation, si son intention est de me payer, ou de ne pas me payer.

---

(1) À l'époque où je traçais ces lignes de doléance, le jour de la justice et de la munificence royale n'était pas encore arrivé. Éclairée sur mon compte et désabusée de préventions trop funestes par les magnanimes attestations de deux augustes souverains, S. M. Louis XVIII a daigné se rappeler la constance et peut-être l'utilité de mes services : Elle a bien voulu me donner une première preuve de son noble souvenir par la concession d'une pension sur sa liste civile, et même d'une somme d'indemnité.

J'invite, au reste, M. Henri Larivière à lire l'ouvrage intitulé *Vie de Louis XVIII*, par M. le chevalier de Beauchamp, qui lui fera connaître le contraste frappant de ma conduite avec la sienne, relativement à l'auguste dynastie des Bourbons.

S'il consent à me payer, rien de plus simple, j'accepte, tout est fini.

S'il ne veut pas me payer, rien de plus simple encore, et voici comment : vous me ferez l'honneur de me dire, M. le premier Président, soit verbalement, soit par écrit, à votre choix ; vous me ferez l'honneur de me dire : M. Henri Larivière prétend ne vous rien devoir; mais lequel de vous ou de lui a raison c'est ce que je n'entends pas décider. Mais M. Fauche, je ne verrais pas sans quelque satisfaction un terme à de pareils débats, et que vous fassiez un sacrifice pour les terminer; dites, monsieur le Président, dites cela, et tel est mon profond respect pour la Cour de cassation et pour vous, monsieur, qu'à l'instant je dégage M. Larivière de toute obligation, tant en capitaux qu'intérêt, et que jamais plus, ni judiciairement, ni autrement, il ne lui sera rien réclamé par moi. Heureux de pouvoir encore donner cette preuve de mon zèle pour la chose publique, et de vous en rendre tout à la fois l'arbitre et le dépositaire.

Je suis avec une respectueuse confiance,

Monsieur le premier Président,

Votre très-humble et très-obéissant serviteur,
Signé FAUCHE-BOREL.

LETTRE DE M. FORNACHON A M. FAUCHE-BOREL

A LONDRES.

Neufchâtel, 26 février 1817.

MONSIEUR,

J'ai eu l'honneur de vous écrire, monsieur, les 6 et 18 du courant. Dès-lors j'ai fait encore diverses recherches et fouillé dans mes papiers, pour y découvrir la quittance des 50 louis payés dans le temps à M. Larivière pour votre compte; cela m'a conduit à examiner tous les articles des débit et crédit, tant de votre compte courant que de ma caisse d'alors, et j'ai trouvé que c'est bien en effet *de votre poche* que sont sortis ces 50 louis, mais non pas précisément parce que je les ai payés ici, mais parce que vous lui aviez adressé depuis Londres, une lettre de change de 1200 l. sur Paris, qu'il m'a endossée en recevant lesdits 50 louis, dont j'ai débité votre compte courant en 1200 liv., en le créditant en échange de 1176 l., pour produit de l'effet sur Paris, à 98 p. 100; vous trouverez ces articles couchés ainsi dans les notes que je vous ai fournies, ou peut-être seulement par la différence de 24 liv. à votre débit, remarquant dans mes écritures l'observation que M. Larivière a faite, que la perte au change vous concernait, et qu'il avait en note de recevoir de votre part exactement 1200 liv.

Il paraît qu'il n'y a donc pas eu d'autre quittance de sa part que son endossement à l'effet sur Paris, dont j'ai conservé la copie; vous la trouverez ci-jointe. C'est une traite de la maison Parrival ou Perceval et compagnie, de Londres, sur Dufrayer et fils, à Paris, du 5 janvier 1802, endossée par vous le 7, à M. Berthe, nom d'alors de M. Larivière. Si la maison de Paris a conservé ses papiers, on y retrouvera cette pièce; j'en écris à un ami qui fera faire les recherches nécessaires, et vous enverra directement cette pièce si on la retrouve; au surplus, je pense que cette explication et les écritures de la maison de Londres qui vous a fourni cette lettre de change, vous suffiront pour justifier de l'emploi que vous avez fait de cette somme et pour vous en faire rembourser.

Je l'apprendrai avec plaisir, et je m'en fais toujours un de saisir les occasions de vous renouveler mon dévouement.

Signé Ant. FORNACHON.

LETTRE DE M. DE PIERRE,

CONSEILLER D'ÉTAT ET MAIRE DE NEUFCHATEL,

A M. DE FAUCHE - BOREL A PARIS.

Vous me demandez, mon cher Fauche, si je me rappelle que j'aie remis en janvier 1802, de votre part, à M. Henri Larivière, alors à Neufchâtel, une lettre arrivée sous mon couvert, et portant pour suscription, *à M. Berthe ;* vous me demandez encore si je pourrais préciser la date à laquelle je reçus cette lettre ; sur cela je ne saurais rien vous dire de plus précis, si ce n'est que c'était dans le courant de janvier 1802 que je reçus en effet de vous une lettre adressée *à M. Berthe,* nom sous lequel M. Larivière se faisait connaître ici. En me l'envoyant, vous m'aviez écrit qu'elle lui annonçait une lettre de change de cinquante louis, pour faire son voyage à Londres, et, autant que je m'en souviens, elle devait se payer chez Fornachon ; et je sus de M. de Larivière lui-même qu'il l'avait touchée après que cette lettre lui eût été remise de votre part. Voilà les souvenirs qui me restent de cette affaire. Recevez, mon cher Fauche, la nouvelle assurance de tous les sentimens que je vous ai voués.

Signé DE PIERRE.

Neufchâtel, 8 mars 1822.

LETTRE DE M. Henri LARIVIÈRE

A M. FAUCHE-BOREL.

Neufchâtel, 24 décembre 1891.

Je vous remercie bien, mon cher Louis, de la lettre que vous m'avez envoyée, ainsi que de votre exactitude à m'écrire. J'aurais désiré seulement que votre style eût été un peu moins mystérieux ; mais que faire?... les brouillards qui règnent sur l'horizon obscurcissent tout, il faut attendre.

Je viens de procurer à votre épouse un prote pour l'imprimerie. J'espère qu'elle en sera contente sous tous les rapports. Il est originaire de Besançon, il y est avantageusement connu. Nous l'avons baptisé *Durand*, pour cause ; au surplus, il n'est pris qu'à l'essai.

Le maire, à qui j'ai communiqué quelques-unes de vos réflexions, en augure avantageusement ; il vous aime plus que jamais et vous fait un million de complimens.

Louis, sa sœur et la bonne maman, se portent à merveille. Je les vois aussi souvent qu'il m'est possible d'aller en ville ; mais si la pluie continue encore quelques jours, il n'y aura plus moyen de sortir.

L'impatience du papa n'est pas facile à calmer. Il vous demande à chaque heure du jour. Je l'ai empêché hier de mettre *les fers au feu*, expression qu'il a toujours à la bouche pour faire entendre que les ministraux doivent être traduits en justice réglée, et cela sur-le-champ.

Le gouverneur Beville a quitté nos murs. La ville a pris les armes au moment de son départ, et une garde d'honneur l'a accompagné jusqu'à l'extrême frontière, malgré la rigueur de la saison; apparemment pour s'assurer de son *exeat*, car il a été fort peut regretté.

Je ne sais trop comment l'on considère, où vous êtes, le voyage du premier consul à Lyon, mais l'on y attache ici la plus grande importance. On croit généralement que c'est pour y proclamer les conditions de la paix, conditions que l'on dit *trop fortes* pour être proposées dans Paris.

Une lettre, venue hier de cette ville, annonce que les jacobins se remuent en tous sens. Ils ont, assure-t-on, un parti considérable dans le corps législatif et le tribunat; mais il paraît que l'empire des motions ne signifie plus rien, ou plutôt qu'il n'est propre qu'à hâter les évènemens auxquels on voudrait s'opposer. Tout ce bavardage était bon quand le gouvernement était exercé par une assemblée délibérante; mais, depuis qu'il existe un pouvoir exécutif distinct et séparé, une seule gargousse vaut *mieux* que mille harangues.

Je suis bien fâché que vous n'ayez pas remis vous-même à leur adresse les lettres dont vous vous étiez chargé. N'oubliez pas de prendre la réponse de Q. Mer.; c'est un brave homme, dans les nouvelles duquel j'ai beaucoup de confiance.

Comme mon intention (dans le cas où rien ne s'y opposerait) est d'aller rejoindre vos amis en février, obligez-moi de leur en dire un mot, ainsi que de m'annoncer, au reçu de la présente, l'époque à laquelle vous comptez partir, afin que je vous envoie à Paris les clefs d'un appartement où sont déposés quelques effets dont j'ai besoin de me défaire.

Quant au Cassini et autres objets, il me semble que s'ils étaient annoncés dans les papiers publics, il serait impossible de ne pas les placer avantageusement. Au reste, la voie la plus courte sera la meilleure, car le petit sac touche à sa fin. Madame de Sévigné avait bien raison de dire, que rien ne ruine comme de n'avoir pas d'argent.

On n'ignore point ici votre séjour à Paris. Un certain cousin, nommé Legoux, a écrit à Le Roi de Fontaine-André, qu'il vous avait rencontré gaillard et bien portant; et celui-ci, qui n'en savait pas davantage, s'est fait un plaisir d'apprendre cette bonne nouvelle à la société qui se tient chez monsieur votre père, duquel je tiens ce détail. Mais on ignore absolument que vous soyez allé plus loin, et l'on vous attend de jour en jour. Pour votre épouse, elle est d'une réserve qui permet à peine de s'informer de vous.

Les nouvelles qui regardent la Suisse sont des plus heureuses. *Aloïs Reding* a écrit d'une manière positive à cet égard : tout le monde est dans l'enchantement. Ce qu'il y a de singulier, c'est que l'on m'en sait, pour ainsi dire, gré. Nous n'avons pas cessé d'être en fête depuis votre départ : l'on me traite déjà comme un bienheureux de la vie future. Cela est trop agréable à tout le monde pour que je m'avise d'en dissiper l'illusion. Marquez-moi jusqu'à quel point la croyance de ces braves gens est bien ou mal fondée. Adieu, je vous embrasse cordialement.

Votre ami, BERTHE.

Ma petite famille est bien sensible à votre souvenir; elle me charge de vous faire ses complimens.

Ne m'oubliez pas auprès de C....ry, que j'aime encore plus depuis son dernier voyage.

Je n'ai reçu votre lettre que le seizième jour après sa date.

NOTE DE LA MAISON DULAU ET Comp.

A M. FAUCHE-BOREL.

Atlas de Cassini, Ferrari et Chauchard, folio atlantique, relié. 80

Remise de 15 p. 100. . . . . 12.

—————

68.

Paid by Dst may 30 1806.

Pour copie conforme :
LEFÈVRE,
Pour MM. A.-B. Dulau et Ce.

ERRATA.

Page 5, lig. 20, *au lieu de* : 1793, *lisez* : 1792.
Page 28, lig. 8, *au lieu de* : septembre, *lisez* : novembre.

DE L'IMPRIMERIE DE PILLET JEUNE, RUE DE LA COLOMBE.

www.ingramcontent.com/pod-product-compliance
Lightning Source LLC
Chambersburg PA
CBHW050612210326
41521CB00008B/1216